C E O
에 게
길 을 묻 다

Ask the way to the CEO

글로벌 시대가 요구하는 뉴리더의 조건

CEO에게 길을 묻다

1판 1쇄 인쇄 2011년 5월 16일 ┃ 1판 1쇄 발행 2011년 5월 23일 ┃ 지은이 선준호 ┃ 펴낸이 임종관 ┃ 펴낸곳 미래북 ┃ 북디자인 송원철 ┃ 제 302-2003-000326호 ┃ 서울시 용산구 효창동 5-421호 ┃ 전화 02)738-1227(대) ┃ 팩스 02)738-1228 ┃ E-mail miraebook@hotmail.com ┃ SBN 978-89-92289-37-5 03320

글로벌 시대가 요구하는 뉴리더의 조건

CEO에게 길을 묻다

Ask the Way to the CEO

MIRAE
BOOK

「추 천 사」

현재 CEO든 앞으로 CEO가 될 사람이든 꼭 읽었으면 하는 내용
이 듬뿍 들어 있는 책이다.

특히 계획만 세우고 실행하지 못한 사람들이 많은데 여기 실행을
높이는 방법이 명쾌하게 제시된 것을 보고 높은 찬사를 보내고 싶다.

첫째 어떤일을 해야 하는가?
둘째 이 일을 하는 이유가 무엇인가?
셋째 각 일에 대한 책임은 누구에게 있는가?
넷째 행동을 위한 시기는 언제인가?

다 구구절절이 마음에 와 닿는 내용 이다.

그리고 스스로 질문하여 새로운 답을 찾게하고 열정과 창조가 질
문으로 하여금 해답을 얻는데서 감동을 받았다.

중소기업 CEO들을 위하여 불철주야 뛰고있는 CEO치료의사가 현장에서의 경험을 토대로 CEO들에게 새로운 길을 제시해 주는 소중한 책이다.

　　CEO를 준비하고, 계획하고 계신 예비 CEO들에게 많은 도움이 되리라 본다.
　　마음은 성공하고 싶고, 꿈을 이루고 싶지만 현실의 벽은 높다.
　　이 책을 통해서 높은 벽을 쉽게 넘어서고, 가시밭길을 피하고, 넓은 대로의 길을 따라 가면 자신의 계획을 실행하는데 큰 도움이 될 것이다. 또 각자의 목표를 이루는데 많은 시간을 단축할 것이다.

　　이 책이 행복한 CEO를 꿈꾸는 사람과 자기계발에 관심이 있는 직장인들에게 좋은 가이드 라인이 되리라 믿는다.

양병무(재능교육 대표이사)

머리말

글로벌 시대가 요구하는 리더십의
필요조건과 충분조건

⋮

우리나라 경제에 가장 큰 영향력을 주는 삼성그룹 이건희 회장의 말 한마디는 경제 분야는 물론 사회적으로도 커다란 파장을 일으키면서 기업의 방향과 목표를 제시한다는 점에서 의미가 매우 크다. 그런 이건희 회장이 2011년 새로운 해를 시작하는 시점에서 '젊은 리더'의 필요성과 '새로운 리더십'과 '창의성'을 강조하여 많은 국민들에게 커다란 관심을 불러일으켰다.

이건희 회장은 메시지만 전하는 것이 아니라 실제로 행동으로 옮겼다. 드디어 최측근으로 불리던 이학수 부회장을 비롯한 삼성에서 오랫동안 몸담았던 중진들을 후진으로 물러서게 한 후 젊은 사람들로 하여금 삼성을 이끌어가도록 세대교체를 단행하였다. 그러면서 그는 "21세기는 너무나 급변하여 도저히 이대로는 삼성그룹이 살아남을 수 없다"는 이유를 들었다. 이것은 삼성그룹에 한정된

문제가 아니라 우리나라 기업은 물론 모든 조직에서 깊이 생각
해봐야 할 문제인 것이다.

　이건희 회장이 말해서가 아니라 21세기 들어서 세계는 물론 우리
나라도 놀라울 정도로 급변하고 있다. 얼마나 급하게 변하는지 이제
는 눈 뜨고 코 베일 세상이 되었다.

　21세기에 들어서면서 이건희 회장이 언급한 '창의성'의 문제도 우
리나라 기업에서 하나의 커다란 문제로 지적되고 있다.

　지금까지 우리나라 기업들은 무언가를 새롭게 만들어 수익을 올
려야 한다는 중압감이 낮아 창의성을 발휘할 기회를 갖지 못했기 때
문이다. 산업화 이후 한국 기업들은 추격자 전략을 통해서 성장해
왔다. 앞서가는 다른 나라 기업의 제품이나 서비스를 보고 따라 하
는 것에서 한국 기업이 성장했다.

문제는 최근의 기업 환경이 과거와는 전혀 다르게 전개되고 있다는 점이다. 우리가 보고 따라 해야 할 선진기업들이 오히려 뒤로 처지고 있는 일이 발생하고 있다. 일본 기업들이 그렇고 미국 기업들도 마찬가지다.

이제는 한국 기업들이 고민에 빠지기 시작했다. 지금까지 배우는 것만 익숙해져서 창조적으로 무엇인가를 해본 경험이 없기 때문이다. 따라서 기업이나 기업을 이끌 리더들에게 지금까지 생각해보지도 않았던 새로운 문제를 해결해야 할 과제가 주어졌다. 이제 우리는 새로운 리더와 리더십이 절실히 필요하게 되었다. 21세기에 급변하는 시대에 능동적으로 대처할 수 있으며, 창의적으로 기업이나 조직을 이끌어갈 새로운 리더가 필요하게 된 것이다.

세상이 빠른 속도로 변해가면서 기업문화도 놀라운 속도로 변해가며, 고객의 요구도 다양해지며 복잡해지고 있다.

이러한 때에 무엇보다도 필요한 것이 미래에 대해 올바르게 방향을 제시하고, 조직의 문화를 만들고, 현재 문화를 이해하며 민감하게 반응하는 새로운 리더이다.

본서는 급변하는 글로벌 시대에 한국의 미래를 경영할 리더십의 필요조건과 충분조건이 무엇인지 저자 나름대로 생각하고 있던 내용들을 제시했다.

본서는 특히 우리나라 기업을 이끌고 있는 젊은 리더들을 중심으로 리더십의 본질과 조건에 대해서 짚어봤다.

앞으로 리더를 꿈꾸는 젊은이는 물론 현재 기업에서나 조직에서 팀장이나 그룹의 리더를 맡고 있는 사람들에게 일독을 권하는 바이다.

2011년 5월 불암산에서
선준호

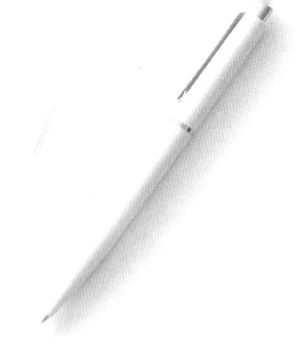

CONTENTS

Prol○gue

리 더 의
세 가 지
유 형

조직이나 기업에서 최고경영자로부터 중간간부 그리고 팀장까지 모든 리더들은 다음 세 가지 유형 중 어느 한 가지에 속한다고 할 수 있다.

첫째, '생존'에
급급한 리더들이다.

이들은 조직이 자기 임기 내에 계속 움직일 수 있도록 애를 쓴다. 이러한 리더들은 균형이 깨진 삶을 살 가능성이 매우 높다. 이들은 변화하는 시장에서 지는 싸움을 하고 있으며 시대에 뒤떨어지고 비효율적인 리더십 스타일을 고수하고 있다.

이들의 재능은 자신이 처한 보직에 맞지 않아 일에 대한 확신이 없으며 무계획적인 결과를 낳을 뿐이다. 이런 리더들은 날마다 퇴직할 날만 기다리다가 결국 자리를 떠나게 된다. 그들은 열정도 없으며 자리에 남아 있는 동안 아무 일도 일어나지 않기를 바랄 뿐이다.

둘째, '평범한'
리더이다.   평범한 리더와 탁월한 리더의 차이점으로
첫째 들 수 있는 것은 평범한 리더들은 열정이 부족하다는 것이다.
그들도 열심히 한다, 최선을 다한다고 하지만 그들에게는 열정이 부
족하다. 최선을 다하는 것만으로는 리더가 될 수 없다. 사람들은 노
력하는 리더가 아니라 지혜롭게 이끄는 리더를 요구한다. 이런 리더
만이 미래를 경영할 수 있기 때문이다. 새로운 시대는 무작정 목표
만 추구하는 리더가 아니라 의견수렴을 중시하고 유연한 사고를 가
지고 있으며 자신의 가치를 분명히 보여주는 그런 리더를 선호하는
추세로 변하고 있다.

셋째, '탁월한'
리더이다.   탁월한 리더의 요소로는 신뢰, 비전, 의견
수렴, 용기를 들 수 있다. 구성원들과 조직을 이끌면서도 올바른 방
향을 제시하는 리더가 탁월한 리더이다. 시대가 변하면서 사람들은
새로운 리더상을 요구하고 있는데 새로운 리더상의 핵심에는 '신
뢰'가 있다. 개인에게 신뢰감을 주고 팀 사이에 신뢰를 조성하는 리
더, 관리에는 권한을 위임하며 조직에게는 방향을 설정하는 그런 리

더를 이 시대는 요구하고 있다. 이런 시대적인 요구를 충족시켜줄 수 있는 리더가 탁월한 리더인 것이다.

조직에서나 기업에서 팀장을 비롯하여 수많은 리더들이 탁월한 리더, 성공하는 리더가 되지 못하고 실패로 끝나는 이유는 여러 가지가 있겠으나 무엇보다도 중요한 이유는 자신만의 리더십의 컬러, 즉 특징을 찾지 못하거나 거기에 맞는 커리어를 쌓지 못하는 것이다. 리더로서 성공하기 위해서는 리더십의 컬러를 찾는 것이 무엇보다도 중요하다. 그다음에 리더로서의 품성과 자질을 키워야 한다.

Part 01

리 더 가
되 는
과 정 에
극 복 해 야 할
과 제

리더가 되기 위해서는
반드시 극복해야 할 다섯 가지 과제가 있다

01

실수를
덮어둔다

자신들이 저지른 실수에 대해서 즉각적인 조치를 취하지 않았다.
결국 그들은 실수를 덮어둔 채
똑같은 실수를 되풀이하는 결과를 낳았던 것이다.

☖ 　　　　미국의 어느 리더십 연구소는

기업에서 최고 경영자가 될 것으로 기대했으나 도중에 밀려난 중역
이나 중간간부를 대상으로 한 조사연구를 실시했다. 여기서 한 가지
중요한 사실이 발견됐다. 즉 그들 대부분이 실패에서 아무것도 배우지
못했다는 것이다.

　밀려난 중역이든 승승장구하는 사람이든 거의 비슷한 실수를 하
지만, 밀려난 사람들은 좌절이나 실패를 배움의 기회로 활용하지 못
했다고 한다. 그들은 자신의 실수를 숨기기에 바빠 그 실수가 동료
나 회사 또는 조직에 어떤 영향을 미칠지에 대해서 생각하지 않았
다. 그리고 자신들이 저지른 실수에 대해서 즉각적인 조치를 취하지

않았다. 결국 그들은 실수를 덮어둔 채 똑같은 실수를 되풀이하는 결과를 낳았던 것이다.

실수로부터 배운다

반면에 승승장구하는 리더들은 정확히 그 반대의 입장을 취했다. 그들은 실수로 인해 일어난 일들을 기꺼이 인정했다. 그리고 동료들에게 그것의 잠재적인 결과에 대해서 말하고 주의를 환기시켰으며 실수를 고치기 위해 최선을 다했다. 그런 후 그 일에 대해서 잊고 앞으로 나아갔던 것이다.

그렇다면 실패한 리더들이 실수를 통해서 배우지 못한 이유가 무엇일까? 너무 고통스러워서 현실을 직시할 의지나 용기가 없었던 것일까, 혹은 자신이 뭔가를 잘못했다는 사실을 인정하지 않으려는 오만 때문일까? 아니면 자신이 한 결과를 인정하지 못하는 것일까? 자신들의 행동을 객관적으로 분석하는 기술이 부족하기 때문일까? 사람에 따라 그 이유가 분명히 다를 것이다. 그러나 그 이유가 무엇이든 실패를 통해서 배우려는 자세를 갖지 못하면 결국 실패는 실패로 끝나고 만다.

두뇌가 명석하고 많은 성과를 이루어낸 어떤 CEO에게 치명적인 약점이 하나 있었다. 그는 사람을 만나면 20분 만에 평가를 끝냈다. 그는 사람에 대해 너무 빠른 결정을 내렸다. 주위에서 아무리 충고를 하거나 말을 해도 자기 생각을 절대로 바꾸지 않았다. 그는 무능하다는 이유로 한 사람을 해고하고 한 중역을 이사로 발탁했다. 그런데 이사로 임명된 중역은 중상모략을 잘하며 음험한 행동을 하는 사람이었다. 그 사람에 대해서 많은 정보가 들어왔으나 CEO는 귀담아듣지 않았다. 그는 다른 사람의 말을 전혀 들으려 하지 않았다. 그는 자신이 한번 내린 결정을 절대로 바꾸지 않았다. 그가 재무이사로 발탁한 그 음흉한 사람은 마침내 갖은 음모를 꾸며 자신을 임명한 CEO를 내쫓는 데 성공했다. CEO가 쫓겨난 후 몇몇 사람들은 그 일에 대해서 이렇게 평가했다.

"우리는 말해주려고 했으나 듣지를 않았어요."

그리하여 그는 실패한 CEO가 되고 말았다.

02

인간관계의 실패와
능력의 부족

잘나가는 간부들 중에
이렇게 기본적인 인간관계의 기술이 부족한 사람들이 많다.

♛　　　인간관계에서 테크닉의 부족은

주로 무능과 태만이라는 원인으로부터 생긴다. CEO가 될 사람이 부하직원이나 주위 사람들과 마찰을 잘 일으키거나 위압적이고 누구를 괴롭히는 사람이라면 글로벌 시대를 맞이한 오늘날에는 실패한다. 90년대라면 통했을지 모르나 오늘날은 그렇지 않다.

　인간관계에서의 실패라고 할 수 있는 이런 행동은 리더를 낙마시키는 주요한 요인이 된다. 인사관리 부서에서 자주 하는 말로 "기술적인 능력 때문에 고용되지만 인간관계 때문에 해고된다"라는 말이 있다. 아무리 업무 능력이 뛰어나도 인간관계의 결점은 막아주지 못한다. 지능, 노력, 비즈니스 통찰력, 관리 기술 등이 아무리 잘 결합하여도 인간관계의 결함을 덮어주지는 못한다.

이사직이나 중역의 자리에 있는 사람들에게서 지극히 기본적인 인간관계의 결함을 보게 되는데 그 중에서 중요하면서도 간과하기 쉬운 것 몇 가지를 들면 다음과 같다.

- ✚ 사람들과 얘기할 때 눈을 보며 말하지 않는다.
- ✚ 이름을 기억해 부르지 않는다.
- ✚ 사람들과 얘기를 할 때 말이나 행동으로 상대방의 이야기를 잘 듣고 있다는 표현을 하지 않는다.
- ✚ 대화를 독점한다.
- ✚ 다른 사람들의 아이디어나 활동에 대해서 진지하게 질문하지 않는다.
- ✚ 다른 사람의 일이나 노력에 대해서 칭찬과 격려를 하지 않는다.
- ✚ 사람들과 만나서 인사를 할 때 미소를 짓지 않는다.

잘나가는 간부들 중에 이렇게 기본적인 인간관계의 기술이 부족한 사람들이 많다. 이러한 기본 기술들은 문제를 파악하고 행동하기 위한 그룹토론 주도하기, 피드백 주고받기, 설득력 있는 프레젠테이션 하기 등과 밀접한 관계가 있으며 이들의 기초가 되는 것이다.

새롭거나 색다른 아이디어에 대한 개방적인 태도의 결여

계속해서 '노'라고 말하는 리더보다 더 나쁜 리더는 듣는 척해놓고
아무런 반응이 없는 리더이다. 듣는 척하는 태도는 부하직원에게 희망을 주지만,
아무런 행동을 취하지 않으면 그 희망은 사라져버린다.

♕   부하나 동료들의 제안을 거부하거
나 낡은 방식을 고수하는 것, 또는 새로운 사고에 대해서 닫혀 있는
태도는 CEO로서 성공하지 못하게 만드는 세 번째 치명적인 이유이
다. 리더들의 이러한 태도는 부하들이 전직하는 주요 원인이 되며,
다음과 같은 부정적인 두 가지 결과를 낳는다.

첫째, 부하직원들에게 부정적인 영향을 끼친다.

리더가 이러한 태도를 취할 때 부하들은 무시당한다는 느낌

을 받고, 자신들의 아이디어가 진가를 인정받지 못하고 있으며, 자신들이 회사나 조직에 기여도가 낮게 평가받고 있다고 생각한다. 이렇게 되면 부하들은 새로운 아이디어를 생각하지 않게 되며 또한 조직 분위기를 정체시킨다. 그런 리더 밑에 있는 부하의 사기는 꺾이고 이직률은 높아진다.

둘째, 회사의 이익 면에서 좋은 아이디어나 해결책이 실행되지 못하게 한다.

이로 인해서 조직은 활력을 잃게 된다. 좋은 아이디어를 받아들이지 않기 때문에 사람들은 더 나은 방법을 생각하지 않게 되고, 조직은 다양한 루트와 정보를 통해 새로운 아이디어를 받아들이는 데서 오는 개선의 기회를 놓칠 수밖에 없다.

오늘날 기업이나 조직의 많은 사람들이 아이디어와 제안에 대해 무조건 부정적인 반응을 보이는 리더와 함께 일하고 있다. 어떤 회사에서는 이런 리더들을 가리켜 '지긋지긋한 노(No) 맨'이라고 묘사하기도 한다. 수많은 아이디어들이 계속 짓눌려지고, 유능한 사람이 리더들의 이런 행동으로 인해서 영원히 조직을 떠나는 등 조직에 끼치는 손실은 매우 크다.

계속해서 '노'라고 말하는 리더보다 더 나쁜 리더는 듣는 척해놓고 아무런 반응이 없는 리더이다. 듣는 척하는 태도는 부하직원에게 희망을 주지만, 아무런 행동을 취하지 않으면 그 희망은 사라져버린다.

리더들은 종종 오만과 자기만족이라는 두 마리의 악마에 사로잡혀 있다. 그리하여 자기 생각이 모든 사람들, 특히 부하직원들의 생각보다 우월하다고 착각한다. 다른 사람들의 의견이나 생각을 듣지 않으려는 것은 바로 이러한 오만함에서 비롯된 것이다. 이런 태도를 가진 리더는 다른 사람에게서 좋은 아이디어가 나오면 위기감을 느낀다. 어쩌면 그들은 관리자나 이사라는 공식 직함을 가지고 있기 때문에 모든 문제에 대한 답을 가지고 있어야 하고 변화를 위한 아이디어는 모두 자기 자신의 머릿속에서 나와야 한다는 잘못된 생각에 집착하고 있는지도 모른다.

04

책임감
결여

만일 성과가 좋지 않을 때에는 훌륭한 리더는
그에 대해 전적으로 책임을 지며 부하들을 비난하지 않으며
모든 책임을 자기 선에서 멈추도록 한다.

♔　　　　　**자신의 팀에 대하여** 완전히 책임을
지지 못하는 리더는 실패하게 되어 있다. 리더를 다른 사람들과 구
분지어 주는 가장 중요한 자질은 마음가짐이다. 리더는 자기 자신의
성과나 생산성에만 책임을 느끼는 것이 아니라 이를 뛰어넘어 팀 전
체에 관심을 기울여야 한다.

부하직원의 행동에 대한 책임의 정의

첫째, 리더는 자신의 그룹에 대하여 완전한 책임을 지며, 그

룹의 책임자로서 책임을 지고 결정을 내리는 것에 대하여 회피해서
는 안 된다. 성공적인 리더는 성과 목표를 분명히 정해주며, 이에 따
라 구성원 각자 역시 책임을 지도록 한다.

둘째, 책임감 있는 리더는 칭찬과 공로를 부하직원들에게 돌린다.
리더는 다른 사람이 한 일을 자신의 공로로 삼지 않으며, 팀이 한 일
역시 자신의 공로로 삼지 않는다.

셋째, 리더는 한 개인의 감정보다는 팀의 성과가 더 중요하다는
것을 알고 필요할 경우 성과가 나쁜 사람을 팀에서 제거한다.

부하직원 보호의 정의

첫째, 리더는 실수에 대한 비판을 받아들이나, 과도한 비판
으로부터 부하직원들이나 그룹의 구성원들을 보호한다.

둘째, 그룹이 상급자의 기대에 충족할 수 있도록 한다. 책임감 있
는 리더는 기대 사항을 정확히 파악한 후 자신의 그룹이 그러한 기
대에 부응할 수 있도록 끈기 있게 노력한다.

여기서 특별히 리더가 유의해야 할 것은, 리더가 책임을 진다는
것은 그룹의 상황이 좋을 때나 나쁠 때나 다 해당된다는 점이다. 성
공한 리더는 성과가 좋을 때는 일선에서 뛰는 사람들에게 공로를 돌
린다. 그들을 회의에 참석시키고 조직의 고위층과 직접 이야기를 나
눌 기회를 마련한다. 그리고 그들로 하여금 팀의 성공 사례에 대하

여 다른 팀이나 중역들을 상대로 프레젠테이션을 하도록 한다. 만일 성과가 좋지 않을 때에는 훌륭한 리더는 그에 대해 전적으로 책임을 지며 부하들을 비난하지 않으며 모든 책임을 자기 선에서 멈추도록 한다.

주도성이 부족하다

한 리더의 효과성이나 능력을 측정하는 방법 중의 하나는
바로 그가 개인적으로 주도한 일의 수를 세어보는 것이다.

최고 경영자나 CEO가 되지 못하는 다섯
번째 치명적인 결점은 일이 되도록 만들지 못한다는 것이다. 그것은
생산성이 별로 없다는 의미인데, 이는 리더가 행동을 주도하지 않기
때문에 발생한다.

팀의 생산적인 성과에 주목할 만한 성적을 남기지 못하면 리더의
생명력은 크게 단축된다. 리더들은 일이 되도록 해야 한다. 주도성
이 없다는 것은 조직이 필요로 하고 기대하는 것과 정반대이다. 한
리더의 효과성이나 능력을 측정하는 방법 중의 하나는 바로 그가 개
인적으로 주도한 일의 수를 세어보는 것이다.

이 리더는 어떤 프로젝트를 시작했는가? 그 프로젝트 전반에 걸

쳐 이 리더가 이룩한 업적은 어떤 것인가? 만약 그 프로젝트를 실행하지 않았다면 어떤 일이 발생했을 것인가?

주도성을 지닌 리더는 현실에 대한 고민을 멈추고 다음과 같이 자기자신에게 질문을 한다.

✚ 중요한 차이를 만들어낼 수 있는데도 놓치고 만 일은 무엇인가?
✚ 해야 할 일이면서 동시에 나만이 할 수 있는 일은 무엇인가?
✚ 이 일의 성과에서 중요한 차이를 만들어내기 위해서 내가 할 수 있는 일은 무엇인가?
✚ 다른 사람들은 내가 무엇을 하기를 바라는가?

그리고 주도성을 지닌 리더들은 그 일을 추진하기 위한 조치를 취한다. 일이 일어나기를 기다리거나 일이 일어난 후에 움직이는 리더와는 완전히 다르다. 이런 리더를 표현하는 말이 '서퍼(sufer)'이다.

서퍼는 파도 앞에 설 때 멋진 파도타기를 할 수 있다. 그러나 서퍼가 파도 뒤에 있거나 조금이라도 느리면 다음 파도가 올 때까지 기다려야 멋진 파도타기를 할 수 있다. 파도타기를 하기 위해서는 노력과 주도성이 필요한 것이다. 이와 마찬가지로 리더들도 그 일의 주도성을 가지고 앞에서 이끌어나가야 한다. 그래야만 성공하는 리더가 될 수 있다.

리더는 자기 자신의 성과나 생산성에만 책임을 느끼는 것이 아니라

이를 뛰어넘어 팀 전체에 관심을 기울여야 한다.

Part 02

리더로서
갖추어야할
네가지
자질

능력 있는 리더와 평범한 리더의
차이를 가져오는 자질은 무엇일까?

01

자신을 컨트롤하는
능력

리더는 자신만의 독특한 재능이 무엇인지 알기 위해,
또 자신이 사회에 기여할 수 있는 바가 무엇인지 찾아내기 위해
힘든 일도 마다하지 않고 시도한다.

♛   모든 리더십은 극기에서 시작된다. 자신을 리드해야 남을 리드할 수 있고 조직을 리드할 수 있다. 마하트마 간디는 "세상에 변화가 생기기를 바란다면 스스로 그 변화가 되라"라고 말했다. 진정으로 사람을 이끌며 세상을 변화시키고 싶다면 나 자신부터 변화를 시작해야 한다.

　돈을 많이 벌고 싶지 않은 사람이나, 좋은 배우자나 좋은 부모가 되고 싶지 않은 사람, 좋은 고용주가 되고 싶지 않은 사람, 자신이 속한 공동체나 그룹에서 적극적인 역할을 하고 싶지 않은 사람은 결코 리더가 될 수 없다. 사업을 하면서 또는 조직을 이끌어가면서 위기나 좋지 않은 상황을 만날 때가 많다. 이런 때에 어떻게 생각하느

냐가 중요하다. 그런 상황에서 자기 삶을 의무라고 생각하는가 아니면 기회라고 생각하는가? 인생을 의무라고 보는 사람은 어떤 일이든지 결과에 상관없이 빨리 끝내려고만 한다. 그런 상황을 기회로 생각하고 자기 자신과 가족, 회사, 사회를 위해 주변 상황을 바꾸려고 하는 사람은 의무감으로 행동하지 않는다.

리더로서 성공한 사람들은 어떤 상황이든지 대부분 기회라는 생각을 갖고 움직인다. '해야만 하는 일'이라는 생각으로 세상에 영향을 주는 것이 아니라 '하고 싶어서 하는 일'이라고 생각하는 사람이 세상에 영향을 주고 변화를 줄 수 있다.

주어진 상황을 기회라고 생각하라

보통 사람들은 근심과 걱정이 있거나 압박감을 느낄 때 주변 상황을 의무라고 보는 경향이 있다. 그러나 주변 상황을 의무로 본다면 더욱 압박감을 느낄 뿐이다. 원하든 원치 않든 간에 해야만 하는 일이 되고 마는 것이다. 이런 의무감은 동기부여의 힘이 되지 않는다.

반면에 리더십을 가진 리더들은 주어진 상황을 기회라고 여긴다. 이들은 다른 사람들이 탄식하고 인내하는 상황에서도 좋은 결과를 만들어낼 수 있다는 것을 알고 있기 때문에 더 큰 만족을 느낀다. 다시 말해서 직함이 있건 없건 리더들은 인생을 사는 방법이 선택하기

나름이라는 것을 알고 있다.

진정한 리더는 직함이 있느냐 없느냐에 상관없이 종종 개인적인 욕구와 흥미를 초월하여 타인의 이익을 위해 노력한다. 진정한 리더십은 삶에 의미를 불어넣어 준다. 자신의 욕구는 물론이고 타인의 욕구를 충족시키고 있다는 사실과, 자신의 노력이 매우 중요하다는 사실을 알기 때문이다.

리더는 자신만의 독특한 재능이 무엇인지 알기 위해, 또 자신이 사회에 기여할 수 있는 바가 무엇인지 찾아내기 위해 힘든 일도 마다하지 않고 시도한다. 그리고 발견한 것들을 토대로 자신의 인생을 적극적으로 설계한다. 많은 사람들이 가는 길을 선택하고 큰 조류에 순응하는 삶이 주는 안정을 택한다면 훨씬 쉬운 인생을 살 수 있다. 대부분의 사람들은 튀어나온 못이 될까 봐 리더로서 행동하기를 주저한다. 그리고 남을 따르는 군중 속의 한 사람이 되고 만다.

자신의 삶을 통제하고 주변 사람들에게도 긍정적인 영향을 끼쳐 그들로 하여금 움직이게 하는 것이 리더다운 행동이다. 외부의 상황과 환경, 사회적 관습에 자신의 인생을 내맡기는 것은 결코 리더다운 행동이라고 할 수 없다. 진정한 리더라면 '내 인생의 주인은 누구인가?'라는 질문을 끊임없이 던져야 한다. '나를 책임질 사람은 누구인가? 나인가, 남들인가?'

세계적인 경영 석학 톰 피터스는 리더로서 만날 수 있는 가장 큰 위기로 '지적 자본의 고갈'을 들었다. 우리는 새로운 정보를 받아들이되 그것을 비판적으로 수용하면서 끊임없이 스스로를 재충전해야 한다.

사업가이자 저술가인 짐 론의 말을 빌리자면, "리더는 반드시 자기 인생의 쟁점들에 대해 적극적이고 진지하게 생각"해야 한다. 그러면 새로운 방식으로 행동하는 방법을 배우게 된다. 적극적인 리더십을 가진 사람은 생각을 많이 한다. 따라서 훌륭한 리더는 사상가이기도 하다.

생각할 시간을 가져라

활동과 성과를 혼동하는 리더들이 의외로 많다. 대부분의 리더들은 엄청나게 바쁜데도 불구하고 특별한 성과를 얻지 못한 경험들이 있다. 작가 에이머 살츠만은 잠시 고개를 들어 하늘을 올려다보지 못할 정도로 바쁜 사람은 없다고 말했다. 사람들은 시간이 없어서가 아니라 그렇게 했을 때 깨닫게 될 무언가를 두려워한다는 것이다.

성과를 얻는 리더가 되기 위해서는 하던 일을 멈추고 잠시 생각할 시간을 가져야 한다. 생각을 통해 의미 없는 것과 진정 중요한 것을 구분할 수 있다. 또한 인생의 방향과 목표를 분명하게 세울 수 있다. 어떤 리더는 종종 15~30분 정도 아무것에도 방해받지 않고 혼자 생각하는 시간을 가진다고 한다. 그는 주로 집에서 가까운 커피숍에 가는데 휴대폰은 집에 놔두고 종이와 연필만 가져간다. 그리고는 지금 하고 있는 일과 다음에 할 연설과 사람들에게 전하고 싶은 내용

들에 대해 생각한다. 가끔은 더 좋은 아빠, 남편, 친구가 될 방법을
생각하기도 한다.

'컨트롤할 수 있는 일'에 집중하라

많은 리더들이 자신의 삶을 제대로 컨트롤하지 못해 무력감
에 빠지기도 한다. 이때는 어떻게 해야 할까? 우선은 '컨트롤할 수
있는' 일에 집중해야 한다. 그런 과정을 거쳐 생활 전반을 컨트롤할
수 있게 되고 인생에 끌려가기보다는 주도적으로 인생을 이끌어가
게 된다.

리더들이 자신에게 동기를 부여하는 방법

동기는 '내가 이 일을 왜 하고 있는가' 하는 이유를 말해준
다. 자기 자신에게 '리더로서 행동해야 할 CEO인 나에게 어느 정도
의 동기가 부여되어 있는가', '내 인생에 의미를 부여하는 것은 무엇
인가'라는 질문을 던져보라. 성과를 올리는 리더들은 하나같이 다른
사람에게 동기를 부여하고 팀원과 동료들에게 열정과 헌신을 불태
울 수 있게 만드는 것이 얼마나 중요한지를 강조했다.
열정을 바닥나게 하는 지름길은 좋아하는 일을 그만두게 하는 것

이다. 사회적으로 성공할수록 정말 잘하거나 좋아하는 일과 동떨어진 직위에 오를 가능성이 높아진다. 더 중요한 책무를 맡게 되면 관심을 갖고 있는 일을 하며 보낼 시간이 결과적으로 줄어들게 된다. 어떻게 하면 끊임없이 동기를 부여받을 수 있을까?

다음은 수년 동안 여러 리더들에게서 발견한 것으로, 대부분의 성공한 리더들이 사용하는 방법이다.

❶ 깊이 생각하는 시간을 가져라

우리는 일과 인생에서 얼마나 많은 것들을 놓치고 있는가? 그것은 현재 일어나고 있는 일과 거기서 배울 수 있는 교훈을 생각할 시간을 갖지 않기 때문이다.

❷ 꿈을 기억하라

코앞에 닥친 업무를 처리하다 보면 미래에 대한 꿈을 잊어버리게 된다. 그러다 보면 자기 자신이나 조직에 대한 원대한 포부도 갖지 못한다. 스스로에게 물어보라.

"인생에서 무엇을 이루길 꿈꾸고 있는가?"

"일에서는 무엇을 성취하길 원하는가?"

❸ 주변의 성공한 사람들을 본보기로 삼아라

자신이 원하는 방식으로 생활과 조직을 이끌고 다른 사람에게 긍정적인 기여를 하는 사람을 찾아 역할 모델로 삼아라.

❹ 전진을 위해 가끔 후퇴도 하라

적어도 1년에 하루는 모든 일을 제쳐두고 자신의 인생과 목표를 되돌아보라. 전화도 이메일도 되지 않는 곳으로 '후퇴'해서 정신 없는 일상으로부터 벗어나보라.

❺ 다른 사람의 성장을 도와라

알고 있는 것을 명확하게 인식하기 위해서는 그것을 다른 사람들과 나누는 것이 가장 좋은 방법이다. 또한 다른 사람의 성장을 도와줄 경우 그 대가로 자신이 동기부여를 받기도 한다.

❻ 여행을 즐겨라

"휴가를 가려고 하는데 제대로 즐기지 못할 것 같아"라고 말하는 바보가 되어서는 안 된다. 모든 것을 내려놓고 여행을 떠나라. 여행지에서 현재 가진 것을 돌아보고 감사하는 순간을 가져라. 감사하는 마음은 부정적인 마인드를 내쫓는 확실한 방법이다.

❼ 피해자가 아닌 승리자로 살아라

착하게만 살던 사람에게 나쁜 일이 생기면 흔히들 자신을 '상황이 빚어낸 피해자'라고 한다. 이럴 경우 '나는 피해자야'라고 생각하며 시간을 흘려보내기 쉽다. 하지만 그 대신 '이 상황을 개선하려면 어떻게 해야 할까'라고 스스로에게 물어보라. 어려운 상황으로부터 뭔가를 배울 수도 있고, 거기에 휩쓸려 쓰러질 수도 있다.

어떤 결정을 하느냐는 자기 몫이다.

❽ 약속을 지켜라

'자기 통제력의 지표'는 자신이 한 약속과 지킨 약속의 비율이다. 자기 자신과의 약속뿐 아니라 다른 사람들과의 약속 모두를 포함해서 말이다. 지킬 수 없는 약속을 계속 하면 당장은 상황을 더 낫게 이끌고 갈 수 있을지도 모른다. 그러나 정직과 성실이란 자신이 한 말과 실제 생활 사이의 거리로 측정되는 것이다. 자신과 타인 모두의 인생에서 리더가 되고 싶다면 직함이 있느냐 없느냐에 상관없이 자신이 한 약속을 지켜야 한다.

02

집중력으로 현재 상황에
몰두하는 능력

리더의 힘이란 모든 것을 통제하는 것이 아니라
목표와 집중력을 잃지 않고 당면한 상황을 대처하는 능력을 말한다.

♔　　　　리더로서 성공하기 위해서 갖추어야
할 두 번째 자질은 집중력이다. 집중력은 훌륭한 리더가 되기 위해
꼭 필요하다. 한 가지에 집중하지 못하면 목표를 향해 나아갈 수 없
다. 어떤 자리에 있든 훌륭한 리더는 자신을 비롯한 주변 사람들이
일에 집중하도록 이끌어준다. 인생과 일에 집중하지 못하는 리더는
표류하게 된다.

　리더의 힘이란 집중력을 갖고 현재의 상황에 몰두하는 능력이라
할 수 있다. 배가 파도를 자기 마음대로 통제하지 못하는 것과 마찬
가지로 리더 역시 모든 상황을 통제할 수는 없다. 리더의 힘이란 모
든 것을 통제하는 것이 아니라 목표와 집중력을 잃지 않고 당면한

상황을 대처하는 능력을 말한다.

표류와 기다림의 차이

표류와 기다림은 완전히 다르다. 기다림은 의도적인 선택이며 인내와 숙고를 필요로 한다. 하지만 표류는 선택할 힘을 잃어버리는 것이다. 기다릴 때는 언젠가 될지 모르지만 분명 그렇게 되리란 걸 믿는다. 이때 경솔하고 성급하게 행동하는 대신 잠시 멈춰 서서 정보를 수집하고 통찰력을 길러야 한다. 표류는 배의 키를 놓고 방향을 잃은 상태를 말한다. 따라서 배가 표류하기 시작하면 그리 크지 않은 파도에도 전복되고 만다.

리더들은 집중력이 흐트러지거나 자기만족에 빠지기 쉽다. 그러면 자신도 모르는 사이에 표류하게 된다. 집중력을 잃으면 목표 달성에 필요한 힘도 잃을 수 있다. 그러면 주도적으로 행동하기보다는 무기력감에 빠져들게 되고, 시간이 흘러 수동적인 자기 자신을 발견하게 된다.

집중력을 방해하는 세상의 온갖 일들

세상은 끊임없이 우리의 정신을 흐트러지게 한다. 지금 하는 일이 어떤 것이 되었든 간에 사람들은 한 가지 일에 집중하지 못한다. 중요하지 않으면서 사소한 일들이 중대하고 의미 있는 일을 할 시간을 잡아먹는다. 제대로 집중하지 않기 때문에 이런 일이 일어나는 것이다.

우리들은 스스로 통제할 수 없는 다양한 요구들에 직면해 있다. 고객들이 이런저런 요청을 하고, 동료들이 도움을 구하고, 상사는 책상 앞에 산더미 같은 일을 쌓아둔다. 이런 일이 집중을 방해하는 것은 사실이지만, 집중하지 못하는 것에 대한 변명이 될 수는 없다.

리더로서 행동하려는 목표를 가진 사람은 끊임없이 주의산만함을 극복하고 정말 중요한 일에 집중할 수 있어야 한다.

집중 상태를 유지하는 비결

집중 상태를 유지하려면 우선 어젠다(agenda)가 있어야 한다. 어젠다는 장·단기적으로 리더가 달성할 수 있는 목표를 말한다. 다시 말해 '해야 할 일들'을 찾아 원하는 것을 이룰 수 있도록 최종 목표를 구체적으로 세워두는 것이다.

평범한 리더들은 계획하지 않은 일이나 예상하지 못한 상황이 발생하면 불평을 한다. 그러나 그런 일들이 오히려 놀라운 기회가 되기도 한다. 불평하는 고객, 의기소침한 부하들은 시간이나 돈을 절약하는 아이디어와 생산성 향상의 좋은 기회가 될 수도 있다.

훌륭한 리더가 되려면 목표 달성에 도움이 되는 사건이 일어나기만을 마냥 기다려서는 안 된다. 훌륭한 리더는 중요하고 영향력 있는 계획을 세워 전략적으로 그것을 실천해나간다.

집중력을 유지하는 두 번째 비결은 계획을 세우는 것이다. 계획은 반드시 중요한 목표를 담고 있어야 한다. 우리가 그리는 인생의 그림에는 인생의 최종 목표가 존재한다. 목표는 우리를 목적지로 나아가게 하는 엔진 역할을 한다. 이것을 기준으로 먼저 해야 할 일과 그렇지 않은 일, 중요한 일과 그렇지 않은 일을 결정해야 한다. 많은 리더들은 하루 일과를 시작하면서 스스로에게 "오늘 해야 할 일은 뭐지?" 하고 묻는다. 하지만 훌륭한 리더는 다르다. 그들은 "어떤 중요한 일을 계획하고 성취해야 할까?"라고 묻는다.

해야 할 일은 일상적으로 항상 해야 하는 활동이다. 걸려온 전화를 받고 보고서를 결재하고 이메일에 답장하는 일 등은 모두 필요한 일들이지만 큰 그림에서 볼 때 그리 중요한 일은 아니다. 반면에 성취해야 할 중요한 일이란 장기적인 목표를 세우고 그것을 이루기 위해서 한 발 나아가는 것으로, 부하직원에 대한 동기부여, 수익 증대, 새로운 프로젝트를 계획하는 일 등이다.

세 번째로 집중력을 유지하는 방법은 매순간에 집중하는 것이다. 자신에게 주어진 것보다 더 많은 시간을 사용할 수는 없다. 그러므로 리더는 주어진 시간에 더 많은 인생을 담아야 한다. 더 발전하고 더 나은 결과를 얻고, 더 많이 기여해야 한다는 것이다.

우리가 말하는 '결정적인 순간'이라는 것은 실제로 그렇지 않은 경우가 더 많다. 흔히들 대학 졸업, 결혼, 퇴직 등을 결정적인 순간이라고 하는데 실제로는 무엇인가를 기념하는 순간에 불과하다. 그렇다면 우리를 결정짓는 순간은 어느 때인가? 바로 지금이다. 우리가 사는 매순간이 우리를 결정하고 있다. 자신과 다른 사람의 인생에서 리더로서 행동하는 사람은 이를 알기 때문에 '목표의식'을 가지고 살아간다. 따라서 훌륭한 리더는 매순간에 집중하여 일과 인생 그리고 그들이 하는 모든 일에서 성과와 성취라는 결과를 얻는다.

자신의 믿음을
행동으로 옮기는 능력

진정한 리더는 필요한 정보를 수집하고 행동하기로 결심하면
더 이상의 생각이나 토론, 분석 없이 힘차게 전진한다.

♛　　　리더의 자질을 확실하게 판단하는
기준은 바로 그가 이룩한 성과이다. 성공한 리더들은 반드시 높은
실행지수를 가지고 있다. 좋은 아이디어가 있는 것만으로는 충분하
지 않다. 성공한 리더는 그것을 행동으로 옮긴다. 행동이 따르지 않
는 목표는 몽상에 불과하다. 리더는 자신의 믿음을 행동으로 옮기고
그 결과를 얻는다.

사람은 누구나 창조적이다. 누구나 새로운 아이디어를 생각해낼 능
력이 있다. '혁신'은 한 발 더 나아가 그 아이디어를 실행에 옮기는
능력이다. 자신이 가지고 있는 아이디어를 머리에서 끄집어내어 디자
인하고 제품으로 만들어 시장에 내놓는 사람이 '혁신적'인 사람이다.

실행력을 높이는 방법

실천이란 일종의 태도이자 기술이다. 실행력을 높이는 방법으로 세계적으로 유명한 심리학자나 리더십 학자들은 다음과 같이 다섯 가지 방법을 권한다.

첫째, 큰 꿈을 가져라

자신이 이루고 싶은 꿈이 무엇인지 결정하라. 그다음 자신의 가장 이상적인 목표를 달성하기 위해 필요한 것, 즉 시간, 전문기술, 다른 사람의 지원 등이 무엇인지 충분히 생각하라. 그리고 자신에게 다음과 같이 물어보라.

"만약 꿈이 현실로 이루어진다면 그것은 어떤 모습일까?"

둘째, 세부적인 계획을 세워라

사소한 것들 때문에 큰 계획이 틀어질 수 있다. 따라서 규모가 클 경우 실천하기 위한 작은 '할 일'로 세분화하라. 성공을 위한 엔진에 가속을 붙이는 방법은 작은 일은 가급적 신속하게 처리하는 것이다. 그러면 최종 목표에 다가선 자신의 모습을 발견하게 된다. 효과적인 계획을 짜기 위해 다음 사항을 생각해본다.

✚ 어떤 일을 해야 하는가?
✚ 이 일을 하는 이유는 무엇인가?

+ 각 일에 대한 책임은 누구에게 있는가?

+ 행동을 위한 시기는 언제인가?

포괄적이고 실제적인 계획을 세우기 위해서는 이 네 가지 질문에 필요한 세부사항을 결정해야 한다.

셋째, 성과를 올릴 수 있는 팀으로 조직하라

리더로서 사람을 다루는 능력은 팀을 조직하는 일을 통해서 평가받는다. 부하직원이나 구성원들을 변화에 기여하도록 고무하려면 설득력 있는 커뮤니케이션과 인간관계 기술이 필요하다.

팀에 필요한 사람은 누구인가? 팀원 각자가 맡은 임무는 무엇인가? 개인적인 선호도가 아니라 일에 대한 능력을 기준으로 필요한 인원을 선발해야 한다.

구성원들이나 부하직원들에게 행동 자체보다 결과에 책임을 지게 해야 한다. 항상 바쁘게 보이지만 성과는 미미한 사람이 있다. 리더는 부하직원의 성과를 제대로 측정할 수 있어야 한다.

넷째, 노력을 중단하지 마라

기업들은 자신이 속한 분야에서 최선의 방법을 찾기 위해 험난한 여정도 불사한다. 그들은 시장에서 최고의 기술과 아이디어를 찾아내어 그것을 실행에 옮긴다. 그러나 최선의 방법을 채택하고 난 후 대부분의 기업들이나 리더들은 안도의 한숨을 내쉬고 평소의 일과로 돌아간다. 그들은 더 나은 방법을 찾기를 그만두고 만다.

그리하여 두 번째 기업으로 전락한다. 최선의 방법이란 개념을 머릿속에서 지워라. 그리고 지금 하고 있는 일에 최선을 다하되 항상 '더 나은 일'을 찾는 일을 중단하지 마라. 오늘 최고의 방법이 내년에는 구닥다리로 전락할 수도 있다.

다섯째, 도전을 멈추지 말라

계획을 세우고 필요한 지원을 갖추었다면 결정적인 행동을 해야 할 시간이 된 것이다. 리더의 행동이 구성원이나 부하들의 참여와 열정에 상당한 영향을 준다는 사실을 명심해야 한다.

단 한 번의 도전으로 끝내서는 안 된다. 성공할 때까지 도전을 멈추지 말아야 한다. 도전을 멈추지 않는 한 대부분의 평범한 리더들에게는 꿈에 불과한 것이 훌륭한 리더들에게는 현실이 된다.

두려움에 맞서는 비결

결정적인 행동을 할 때 두려움이 자신의 발목을 잡도록 내버려 두어서는 안 된다. 진정한 리더는 필요한 정보를 수집하고 행동하기로 결심하면 더 이상의 생각이나 토론, 분석 없이 힘차게 전진한다. 이때 그들의 추진력이 되는 것이 바로 뇌의 원시적인 부분이다. 그들은 어떤 일을 일단 하기로 결단을 내리면 불안과 두려움에 주춤하지 않고 꿋꿋하게 행동으로 옮긴다.

리더로서 중요한 결정을 내려야 할 순간에 어떤 조치를 취해야 할지 막막하다면 성공한 리더들이 자신에게 던지는 다음 두 가지의 질문을 떠올려보자.

"내가 도전에 맞서 성공한다면 어떤 기분이 들까?"

"만약 도전을 포기하기로 결정한다면 몇 달 후 혹은 몇 년 후 어떤 기분이 들까?"

04

사람과
함께하는힘

대부분의 경우 문제점을 해결하는 데에는 다른 사람의 협조가 필요하다.
그 사람과 거리가 멀어지면 일을 망치게 되기 십상이다.

ᛩᛩᛩ　　　　아무리 능력이 뛰어난 리더들도

성취하는 모든 일은 자신의 노력뿐 아니라 조직원이나 다른 사람들
의 도움이 있어야 가능하다. 어떤 중차대한 목표도 그것을 달성하기
위해서는 다른 사람들의 지원과 협조가 필요하다. 리더와 관리자
(manager)의 가장 큰 차이는 아래 사람들의 잠재력을 개발하는 능력
이다. 그 대상이 가족이든, 기부금을 모으는 단체든, 프로젝트를 맡
은 팀이든, 회사든 마찬가지다. 참다운 리더십은 사람 위에 군림한
채 발휘하는 힘이 아니라 사람들과 함께하는 힘이다.

잠재력을 발휘하도록 돕는 지원자가 있다는 것을 알린다

　　당신은 리더로서 사람들을 뭉치게 만드는가, 아니면 흩어지게 만드는가? 다른 사람을 격려하는가, 아니면 낙담시키는가? 스스로 영웅이 되려 하는가, 아니면 주변 사람을 영웅으로 만드는가? 리더가 되고 싶거나 더 훌륭한 리더가 되고자 한다면 사람들을 뭉치게 하고 격려하고 주변 사람들을 영웅으로 만들어야 한다.

　　한 여론조사 기관에서 직장인들을 상대로 조사한 바에 의하면, 사람들이 직장을 그만두는 이유로 첫 번째는 인정받지 못했기 때문이라고 한다. 누구나 중요한 일을 하고 그 일에 대해 인정받기를 원한다. 19세기 영국의 총리 디즈데일리는 "타인을 위한 최고의 선행은 당신이 가진 것을 나눠주는 것이 아니라 그가 가진 것을 이끌어내 보여주는 것이다"라고 했다.

　　구성원들에게 자신이 인정받고 있다는 사실을 느끼게 하는 것은 중요하다. 나아가 그들이 가진 잠재력을 기꺼이 발휘하도록 지원하는 누군가가 존재한다는 사실을 알게 하는 것은 더 중요하다.

사람을 따르게 하는 세 가지 요소

　　구성원이나 다른 사람의 힘을 이용하려면 리더를 따르도록 설득해야 한다. 이는 다른 직원을 승진시키거나 해고할 권한이 없는 리더에게 더욱 중요하다. 리더를 따르게 하려면 인격, 능력, 관계 세 가지가 필요하다.

❶ 인격

타인에게 영향력을 미치고 싶은 리더라면 직위와 상관없이 인격이 얼마나 중요한가를 알아야 한다. 누구에게나 자신이 깨닫지 못하는 단점이 있기 마련이다. 그걸 극복하려면 마음을 열고 다른 사람의 조언을 기꺼이 받아들일 줄 알아야 한다. 그리고 솔직한 조언을 들으려면 그들의 신뢰를 얻어야 한다. 다른 사람을 움직이게 할 수 있는 인격의 첫 번째 요소는 바로 신뢰이다. 리더십에서 신뢰는 필수적이다. 믿지 못하는 사람을 어떻게 따르겠는가?

그러면 어떻게 해야 다른 사람으로부터 신뢰를 얻을 수 있을까? 신뢰를 얻는 방법으로 다음과 같은 것들을 생각해보자.

+ 잘 모르겠으면 모르겠다고 말한다.
+ 지킬 수 없는 약속은 하지 않는다.
+ 약속은 적게 하고 실천은 그 이상으로 한다.
+ 현실적인 목표를 신중하게 세운다.

인격의 두 번째 필수 요소는 겸손이다. 즉 타인에 대한 관심을 바탕으로 다른 사람에게 초점을 맞추는 것이다.

"겸손은 자기 자신을 낮추는 것이 아니라 자신을 덜 생각하고 남을 더 생각하는 것이다."

어느 철학자의 말이다. 따라서 겸손의 반대말은 자만이 아니라 자기도취다. 자기도취에 빠지면 직장에서나 조직에서 다른 사람을 이끌 수 없다.

❷ 능력

리더는 행동, 용모 그리고 그들이 맡은 모든 일에서 능력이 배어난다.

❸ 관계

훌륭한 리더는 그들의 직함 때문이 아니라 사람들과의 관계 때문에 그들과 연결되어 있다. 그런데 그런 종류의 정서적 유대는 진심으로 다른 사람을 위할 때만 이루어진다. 그것은 속임수나 계략, 지름길을 통해서는 이루어질 수 없다. 사적인 만남을 갖지 않아도 진정으로 위하는 마음이 있으면 상대는 그것을 느낀다. 이때 친절함은 가장 중요한 요소라고 할 수 있다.

사람이 아닌 문제에 맞서라

어려운 상황과 맞서기를 좋아하는 리더는 없다. 또 대결구도를 즐기는 리더도 많지 않다. 그러나 성공하는 리더가 되려면 때로는 상황에 정면으로 맞서는 일도 필요하다. 그것을 회피하면 구성원들은 리더를 진지하게 대하지 않는다.

그럼 어떻게 해야 할까? 방법이 있다. 바로 사람이 아닌 '문제'에 맞서는 것이다. 관계가 불편해지는 것이 두려워 갈등을 피하려고 한다면 그것은 어리석은 일이다. 결국에는 시간만 끌다가 의도한 것과 정반대의 결과가 나타나 구성원들의 원성을 들을 수 있다.

다른 사람과 갈등이 있을 때는 그에 대한 관심을 나타내면서 문제점을 언급하라. 대부분의 경우 문제점을 해결하는 데에는 다른 사람의 협조가 필요하다. 그 사람과 거리가 멀어지면 일을 망치게 되기 십상이다.

사람을 판단하지 말고 그의 행동에서 잘못된 점을 고치는 데 중점을 두라. 그와의 관계에서 내 행동이 어떤 역할을 하는지 생각해보라. '누가' 잘못했는가가 아니라 '무엇'이 잘못됐는가를 이야기하면 상대방은 적의를 누그러뜨릴 것이다.

어떤 자리에 있든 훌륭한 리더는 자신을 비롯한 주변 사람들이 일에 집중하도록 이끌어준다.

인생과 일에 집중하지 못하는 리더는 표류하게 된다.

Part 03

혼을 움직이는 리더가 되어야 한다

사람의 마음이 아닌
혼을 움직이는 리더가되려면 어떻게 해야 할까?

01

섬기는
리더이다

리더십은 원맨쇼가 아니다.
 섬기는 리더십이 조직에서 영향력을 행사하려면
리더 주위의 사람들도 이 리더십을 받아들여야 한다.

♛　　　　사람의 혼을 움직이는 리더는

섬기는 리더이다. 섬기는 리더십은 원래 기독교 정신에서 유래되었다.

 "너희들 사이에서 위대하게 되고자 하는 사람은 누구든지 너희를 섬기는 사람이 되어야 하고, 너희 가운데서 으뜸이 되고자 하는 사람은 누구든지 너희 종이 되어야 한다. 인자는 섬김을 받으러 온 것이 아니라 섬기러 왔으며, 많은 사람을 위하여 자기 목숨을 대속물

로 내주러 왔다."(신약성경 마태복음 20:26~30)

2천 년 전부터 내려온 성경을 통해서 이 같은 사실을 깨달은 많은 리더들은 남을 섬기는 것을 리더의 첫 번째 덕목으로 삼았던 것이다. 그리하여 이들 리더는 다른 사람을 섬기기 위해 자신의 권리와 욕심을 억제해야만 했다.

이런 일은 단순하게 보이지만, 종교적인 어떤 특정한 소명을 받은 지도자 외에는 많은 갈등을 느끼게 된다. 예를 들면 어떤 일을 수행하는 데 나보다 다른 사람이 그 일에 더 맞는다면 그 사람에게 지휘권을 넘기는 것을 의미하기 때문이다. 이런 일에는 매일 관심과 주의가 필요하다. 우리가 만나는 사람들, 즉 고객, 동료, 가족, 지역의 주민들 모두를 진심으로 대하고 다른 사람들의 실수를 나의 것으로 받아들이며 책임감을 발휘할 수 있는 분위기를 조성하는 것 등이 모두 이 섬김의 리더십에 근거를 두고 있다.

리더십의 상위에 위치하는 섬김의 리더십

섬기는 리더십 없이는 어떤 리더십 스타일도 소용이 없다. 세계적으로 유명한 리더십의 권위자들, 예를 들어서 블랜차이드, 하이벨스, 호지스는 지성, 감성 그리고 행동에서 모두 섬기는 리더가 되는 것이 중요하다고 역설하였다. 그 이유는 첫째, 진정한 리더십은 꾸밀 수 없으며, 둘째, 인간은 인종과 종파 또는 국적과 관계없이 모두를 포함시켜야 한다는 명제를 전제로 하고 있기 때문이다. 섬기는 리더십에 대해서는 '한국 리더들의 일곱 가지 유형과 특징'에서 다시 언급하기로 한다.

리더십은 원맨쇼가 아니다. 섬기는 리더십이 조직에서 영향력을 행사하려면 리더 주위의 사람들도 이 리더십을 받아들여야 한다. 예를 들어서 직원들을 늦게까지 일하지 않도록 하는 것이 중요하다고 생각한다면 리더가 먼저 모범을 보여야 한다. 메드트로닉 사의 빙 조지는 출장 중일 때를 제외하고는 가족과 시간을 보내기 위해 5시면 퇴근했다고 한다. 그는 퇴근 후 8시까지 가족들과 함께 보내다가 서제로 돌아와 다시 남은 일을 처리했다. 조지 사장은 회사의 조직 문화로 확립된 그 가치관을 스스로 실천하는 모범을 보였던 것이다.

02

신뢰할 수 있는
리더이다

신뢰란 성실하고 진실하게 행동하고자 전력을 다하고
직원이나 고객들에게 한 약속을 지키는 데서 오는 것이다.
여기에는 실질적인 혜택도 따르게 된다.

리더가 자기 자신보다도 조직이나 남을 중요시하고 섬길 때 리더에 대한 신뢰는 저절로 따라오기 마련이다. 그렇지만 신뢰를 얻기 위해서는 또 다른 노력이 필요하다. 즉, 열린 마음과 성실함이다. 신뢰는 오랜 기간 동안 쌓인 결과에서 오는 보답이며, 열린 마음과 성실함의 결과이기 때문이다.

"신뢰란 하겠다고 약속한 것을 실행하고 그에 대한 결과를 얻어냄으로써 축적된 산물이다."

펜실베이니아 주립대학의 리더십 센터 소장인 마이클 어민 박사의 말이다.

신뢰란 성실하고 진실하게 행동하고자 전력을 다하고 직원이나 고객들에게 한 약속을 지키는 데서 오는 것이다. 여기에는 실질적인 혜택도 따르게 된다. 즉 신뢰로 인해 직원이나 고객, 납품업체들의 충성도가 높아지고 투자자들의 충성도도 높아지는 결실을 맺게 된다.

비영리법인 단체들의 리더가 신뢰할 수 있는 리더십을 발휘하게 되면 일에 참여하는 사람들이 보다 적극적으로 헌신하게 되고 기부자들이나 자금 지원을 하는 곳에서는 더 많은 지원을 하게 된다.

신뢰가 주는 직접적인 혜택

리더가 직접적으로 영향을 미칠 수 있는 범위에는 직속 부하직원들이 포함된다. 부하직원들에게 역할 모델이 됨으로써 그들과 신뢰의 유대를 강화하고, 직원들이 그들에게 보고하는 직원과 역시 신뢰관계를 맺도록 장려하는 기업문화가 형성된다.

신뢰는 리더 자신에게도 직접적인 혜택이 있다. 그러면 신뢰가 리더에게 주는 직접적인 혜택으로는 어떤 것이 있을까?

첫째, 메시지를 다른 사람들에게 전할 수 있는 권리를 갖게 된다.

둘째, 업무가 보다 효율적으로 된다.

셋째, 중요한 직원들이 힘들 때나 힘이 들지 않을 때나 조직에 계속 충성스러운 태도를 취하게 된다.

넷째, 공동의 목적의식을 만드는 데에 도움이 되어 그 결과 조직의 운영에 중요한 결정을 할 수 있도록 다른 사람에게 힘을 주게 된다.

다섯째, 중간 관리자들이 자신들과 같은 가치관을 가진 직원들을 뽑을 수 있도록 힘을 준다.

여섯째, 자리를 비운 동안 무슨 일이 일어날지 걱정하지 않게 해준다.

마지막으로, 신뢰는 리더가 직원들을 대하는 방식으로 고객들을 대할 것이라는 믿음을 직원들에게 심어준다.

신뢰는 양방향으로 흐르는 것이다. 만일 리더가 직원들에게 전적으로 정직한 태도를 기대한다면 리더 역시 엄격하게 정직을 유지해야 한다.

03

같은 가치관을 지닌 사람을
고용한다

같은 가치관을 가지고 있는 사람들로 이루어진 조직이 갖는 장점 때문에
코드가 맞지 않는다는 이유로 직원을 떠나보내는 것에 대해서
윤리적인 문제가 제기되기도 한다.

♕　　　　리더가 같은 가치관을 가지고 있는

사람을 직원으로 고용하면 섬기는 리더십의 원칙을 전체 조직이 받아들일 수 있도록 하는 메커니즘이 생긴다. 즉 리더 자신이 올바른 길을 걷는 것일 뿐만 아니라 조직 전체가 올바른 방향으로 나가게 된다는 것이다.

새로 뽑은 직원이 아무리 능력이 뛰어날지라도 조직에 해가 되는 사람을 고용하거나 계속 방치해두면 조직에 아무런 도움이 되지 않을 것이다. 그렇게 되면 도덕성이 무너질 것이며 생산성이 저하되고 오히려 정직한 직원들이 조직을 떠나게 되는 상황을 맞게 될 것이다.

어느 조직에서나 이런 사람이 한두 명 있다. 엄청난 재능을 가졌

지만 다른 사람들과 인간관계가 좋지 않아 함께하지 못하는 사람들 말이다. 이런 사람들이 조직에 있으면 팀워크가 힘들고 회의는 언성만 높아진다. 그리하여 마침내 오히려 정직한 사람이 떠나게 되어 악화가 양화를 몰아내는 결과를 맞게 된다.

리더는 언제나 이런 사람을 만날 수 있는데 리더로서 그들이 약점을 극복하여 사생활에서나 조직생활에서 발전할 수 있도록 도와줄 책무가 있다. 그러나 간혹 조직에 부정적인 생각을 갖고 있고, 도저히 변화가 불가능하거나 변화의 의지가 없는 이들도 만나게 된다. 이런 경우에는 불가피하게 떠나는 것밖에는 방법이 없다. 누군가를 떠나보낸다는 것은 언제나 어려운 일이다.

같은 가치관을 가지고 있는 사람들로 이루어진 조직이 갖는 장점 때문에 코드가 맞지 않는다는 이유로 직원을 떠나보내는 것에 대해서 윤리적인 문제가 제기되기도 한다. 이런 일이 정당하다고 할 수 있는가 하는 문제이다. 그러나 조직에 해를 끼치는 직원을 내보내는 것은 궁극적으로는 다른 조직원들의 삶에 바람직한 결과를 가져오는 결정이 되곤 한다. 그리고 그런 사람을 떠나보내는 것이 어쩌면 나가는 사람에게도 도움이 될 수 있다. 그런 조치로 인해 그 직원은 자신을 진지하게 되돌아볼 기회를 갖게 되며, 이로 인해 자신의 삶과 일의 질을 향상시킬 수 있을 것이기 때문이다.

04

모든 사람을
리더로 만든다

혼을 움직이는 리더의 조직에서는 비밀이란 존재하지 않으며,
누구든지 재정과 관련된 정보를 알 수 있고, 필요하면
언제든지 알아볼 수 있도록 하는 것이 그들의 철학이다.

♛　　　　혼을 움직이는 리더는 보통 리더들
과는 달리 자신의 부하는 물론 다른 조직원들도 리더로 만든다. 그
들은 그렇게 하기 위하여 조직문화 내에서 투명성을 만들기 위해 끊
임없이 노력한다. 조직 내에서 투명성을 만든다는 것은 상명하달식
의 방식을 버리고 대신 개방과 신뢰의 분위기를 만드는 것을 말한
다. 다시 말해 조직 내의 모든 소리들이 존중될 수 있는 기회와 분위
기를 만드는 것이다.

　또한 고객, 직원, 주주들과 관련된 모든 정보를 공유함으로써 조
직과 관련된 모든 사람들이 신뢰할 수 있고 충분한 정보를 바탕으로
결정할 수 있도록 하는 것을 의미한다. 이러한 것들이 모두 혼을 움

직이는 리더들이 갖고 있는 요소이다.

혼을 움직이는 리더의 조직에서는 비밀이란 존재하지 않으며, 누구든지 재정과 관련된 정보를 알 수 있고, 필요하면 언제든지 알아볼 수 있도록 하는 것이 그들의 철학이다. 조직에서 가장 훌륭하고 능력이 있는 직원을 계속 조직에 머물러 일을 하도록 하기 위해서는 모든 사람이 리더가 되고 가치를 창출할 수 있도록 하는 분위기와 문화를 개발하는 것이 무엇보다도 중요하며 필수불가결한 일이 되는 것이다.

혼을 움직이는 리더는 이런 분위기와 문화를 만들기 위하여 직원들이 자신의 직장과 가정생활의 균형을 맞출 수 있도록 도와주며, 개인적으로나 정신적으로도 성장할 수 있도록 기회를 제공해준다. 또 직원들이 스스로 한 행동과 결정에 대해서 책임을 지도록 하며 그들이 스스로 삶의 목적이 무엇이며 그 목적을 달성하기 위해 조직 내에서 어떤 역할을 해야 하는지 이해할 수 있도록 돕는다. 그리하여 혼을 움직이는 리더는 그런 보람으로 충성스러운 직원들로 하여금 조직의 목표와 비전을 함께 품겠다는 의지를 갖도록 한다. 이렇게 함으로써 직원들이 미래에 리더가 될 수 있도록 성장시킨다. 이런 전략을 세우고 실행하는 것은 오로지 혼을 움직이는 리더만이 할 수 있는 일이다.

Part 04

열 정 적 인
리 더 가
되 어 야
한 다

열정의 특징은
불가능을 가능케 하는 힘이 있다는 것이다

01

뜨거운 감정의
소유자이다

열정은 인간으로서의 생각을 초월하는 기적을 낳는다.
열정적인 리더는 비전을 창조하며
미래를 나누어 가질 수 있는 능력이 있다.

♛ **혼을 움직이는 리더는** 어떤 일을 할 때 미친 듯이 빠져들거나 누군가로부터 "당신은 참 열정적이군요"라는 말을 듣는다. 그리하여 그들은 무슨 일이건 빠른 시일 내에 성취하고 만다. 이것은 그들에게 남다른 열정이 있기 때문에 가능한 것이며, 열정으로 인해 업무 성과가 뛰어날 뿐만 아니라 만족스러운 삶을 살아간다. 또한 열정은 주위로 전염되는 효과가 있어 한 사람의 열정으로 전체가 행복한 열정에 빠지게 된다. 따라서 리더가 열정이 넘쳐나면 직원 전체가 열정적인 사람들이 되는 법이다.

열정을 가지고 있다면 무엇을 하든지 이미 반은 이루어진 것이다. 천재도 열정이 없으면 노 없는 돛단배다. 그래서 열정은 천재의 재능보다 오히려 낮다고 하는 것이다. 직장 안에서 열정을 가지고 일하는 사원이 있다면 그 회사는 순풍에 돛을 단 배와 같을 것이다.

열정이란 단어는 라틴어에서 유래된 것으로 '내 안에 신(神)을 둔다'는 뜻이다. 자신 안에 있는 신은 그 사람을 흥분시키고 잠재력을 발휘하게 하는 원동력이 된다. 따라서 열정은 불을 기다리는 장작과 같다. 물에 젖은 장작이 아니라 햇빛에 바싹 마른 장작이다. 열정은 일에 대해 불씨와 같은 역할을 한다.

열정은 주위 사람에게 감염된다. 사회와 민족을 이끄는 지도자는 모두 열정을 가지고 있으며 거대한 기업을 이끄는 CEO도 불타는 열정의 소유자다. 열정은 학벌, 경험, 간판을 초월하는 능력을 낳는다. 열정은 인간으로서의 생각을 초월하는 기적을 낳는다. 열정적인 리더는 비전을 창조하며 미래를 나누어 가질 수 있는 능력이 있다.

어느 분야에서 일을 하든, 무엇을 하든 성공하기 위해서는 열정을 가져야 한다. 어떤 일을 하든지 열정 없이는 기대할 만한 결과를 얻을 수 없다. 미국 GE그룹의 CEO 잭 웰치는 성공하는 사람들의 공통점은 열정이라고 했으며, 미래에셋 자산운영 대표 구재상 씨도 "열정이 없으면 실패는 실패로 끝나고 말지만, 열정이 있으면 실패는 성공의 밑거름이 된다. 성공하지 않으면 죽고 말겠다는 열정만이 치열한 경쟁에서 뚫고 나갈 수 있게 만든다"라고 말했다.

열정이 넘치면 나이를 먹지 않는다

열정은 뜨거운 정신이다. 열정은 또한 별 볼 일 없던 일을 새롭게 변화시키는 힘이다. 열정이 넘치는 사람은 자신의 삶에서 즐거움을 찾아내고 언제나 힘차게 살아간다. 그래서 많은 사람들이 열정적으로 살아가는 사람을 부러워한다.

열정에 따라 행동하면 쉽게 집중할 수 있을 뿐만 아니라 보다 적극적인 자세로 세상을 살아갈 수 있다. 따라서 다른 사람들과 비교해 훨씬 더 뛰어난 성과를 올리고 더욱 행복한 삶을 살아가게 된다.

02

맡은 일을
열심히 한다

일에 열정을 쏟아 부을수록 몸에서는 호르몬 분비가 왕성해져서
지치지 않고 의욕적으로 일할 수 있다. 마음껏 일에 집중한 다음에
긴장을 풀면 휴식이 주는 안락함을 경험하게 된다.

열정적인 사람은 일을 즐겁게 한다. 일
을 즐겁게 하는 것은 현실을 잊을 정도로 일에 집중한다는 뜻이다.
쓸 데 없는 잡념을 떨쳐버리고 자신의 일에 최선을 다하는 것이다.
즐겁게 일하는 사람에게는 불평과 불만이 생길 틈이 없다. 이렇게
자신이 하는 일에 집중하여 열심히 할 수 있는 것은 그 일에 대하여
열정이 있을 때 가능하다. 열정이 있는 리더는 어차피 해야 할 일이
므로 즐겁고 열정적으로 한다. 그리하여 '성취'라는 결실로 보답
받는다.

일에서 행복을 느낀다

일을 즐기는 사람이 있다. 그런 사람은 늘 표정이 밝고 일을 할 때 열정적으로 한다. 그런 사람은 그 일에 열정을 느낀 것이다. 일에 열정을 쏟아 부을수록 몸에서는 호르몬 분비가 왕성해져서 지치지 않고 의욕적으로 일할 수 있다. 마음껏 일에 집중한 다음에 긴장을 풀면 휴식이 주는 안락함을 경험하게 된다. 이렇듯 즐겁게 열정적으로 일하면 세상을 보는 시각이 달라진다. 이런 사람이 바로 열정이 있는 리더이다.

"기쁨은 매우 긍정적인 것이다. 이는 안전함을 줄 뿐만 아니라 따뜻한 사랑의 온기를 동반한다." 후커의 말이다.

마이크는 어렸을 때 소아마비에 걸렸다. 두 살 때부터 목발을 짚고 다니다가 열여섯 살 때부터 휠체어에 의지하게 되었다. 그러나 그는 비관하거나 자기연민에 빠져 살지 않았다. 그는 헌신적이며 열정적이었기에 어디에 가나 환영을 받았다. 스물한 살이 되던 해 그는 다니던 직장을 그만두고 카운슬러로 일하게 되었다. 이 회사는 1,300명의 직원이 있는 국제직장협회 지부였다. 마이크는 성심을 다해 상담했고, 그해 소네스타 비치 호텔에서 개최한 대회에서 카운슬러 상을 받았다. 장애인이었지만 헌신적이며 열정적으로 일했기에 다른 사람들보다 더 뛰어난 성과를 올릴 수 있었던 것이다.

마이크가 열정적으로 일할 수 있었던 것은 무슨 일이 있어도 이루어내겠다는 각오가 있었기 때문이었다. 이처럼 열정적으로 일하는 사람에게는 육체적인 장애가 아무런 걸림돌이 되지 않는다. 카네기는 이렇게 말했다.

"행복한 일을 생각하면 행복해진다. 비참한 일을 생각하면 비참해진다. 무서운 일을 생각하면 무서워진다. 병을 생각하면 병이 든다. 실패에 대해 생각하면 반드시 실패한다. 자기연민에 빠져 헤어 나오지 못하면 다른 사람들에게 배척당한다."

강한 확신이 생긴다

성공하는 리더들을 보면 어떻게 하는 것이 더 좋은지, 지금보다 더 효율적인 방법이 무엇인지 끊임없이 고민한다. 그리고 그 해결 방법을 반드시 생각해내 실천에 옮긴다. 열정적인 리더들의 가장 큰 특징 중의 하나는 강한 확신이다. '틀림없이 잘될 거야. 나는 할 수 있어!'라는 확신을 갖고 밀어붙인다. 확신이 있기 때문에 더 열심히 노력할 수 있는 것이다.

이들은 성과가 적다고 해서 실망하지 않는다. 왜냐하면 어려움을 만나는 것은 새로운 장애를 만나는 것이고 이겨낼 수 있는 특별한 열정의 시간을 만들 수 있는 좋은 기회라고 생각하기 때문이다. 이번의 실패가 다음 성공을 위한 발판이라고 생각한다. 성공할 수 있다는 확신을 갖고 최선을 다해 노력하는 것, 혹시 실패하더라도 다음 성공을 위한 준비라고 생각하고 좌절하지 않는 것, 이것이야말로 성공한 리더들의 마인드다.

성공한 리더들 중에는 어렸을 때 소심했던 사람들이 많다. 그들은 대부분 정신적 훈련을 통해 열정을 갖게 되었다. 영국의 문호 버나드 쇼는 말 잘하기로 정평이 나 있었다. 그는 화술의 비결을 묻는 기자에게 이렇게 말했다.

"말하기란 스케이트를 타는 것과 같습니다. 넘어져서 다른 사람들의 웃음거리가 되더라도 겁내지 않고 끊임없이 훈련하고 도전하는 것입니다."

기쁨을 빼앗아가는 것들

열정이 있는 리더들을 보면 마음도 편안하고 매사에 감사할 줄 안다. 얼굴 표정은 마음의 표정이다. 마음이 편안하니 얼굴 또한 환하고 편안하다. 몸과 마음이 기쁘니 일에 집중할 수 있고 열정적이 된다.

기쁨이 사라지는 원인은 근심과 스트레스 그리고 두려움이다. 근심은 언제 일어날지 모르는 일에 대한 쓸 데 없는 걱정이므로 미리부터 겁먹을 필요가 없다.

스트레스는 근심보다 더 안 좋은 것으로 정서적으로 불안과 갈등을 일으키고 심해지면 질병까지 유발할 수 있다. 그러므로 열정적인 리더는 스트레스를 받지 않으면서 살 수는 없으므로 스트레스에 익숙해지도록 노력한다. 스트레스가 질병으로 넘어가지 않게 하기 위해 그들은 규칙적인 생활과 취미 생활, 대인관계 등으로 스트레스를 적당히 해소한다. 땀을 흠뻑 흘릴 수 있는 운동이나 친구들과의 가벼운 수다를 통해서 스트레스를 푼다.

두려움은 어떤 대상에 대한 불안한 감정이다. 두려운 감정에 지배받지 않으려면 두려움의 대상을 잘 알아야 한다. 일에 대한 두려움이라면 그 일에 통달할 수 있는 전문인이 되어야 한다. 인간관계에 대한 두려움이라면 마음을 열고 진심으로 대한다. 그리고 대인관계나 인간심리에 대한 책을 읽으면 도움이 된다.

열정적인 리더는 하루하루를 근심과 걱정 속에 사는 삶, 즉 바보 같은 인생을 살지 않는다. 리더들은 "걱정은 인생의 적이다"라고 말한 셰익스피어의 말처럼 걱정에 사로잡혀 신나는 일들을 외면하지 않는다.

03

백 퍼센트
최선을 다한다

최선을 다하는 것은 그만큼 다른 사람에게 신뢰감을 준다.
최선을 다하는 리더에게는 아무도 부정적으로 말할 수가 없다.
그저 믿고 따를 뿐이다.

♛　　　　　카루소가 테너 가수로 세계적인 명
성을 날리고 있을 때 어느 자선 음악회에 출연하게 되었다. 음악회
주최측이 카루소가 출연해주는 것만으로도 영광스럽다며 이렇게 말
했다.

"이것은 자선 음악회입니다. 선생님이 오신 것 자체가 영광이죠.
선생님 명성 때문에 많은 군중이 모일 것입니다. 선생님께서는 부담
없이 편하게 노래하십시오. 특별한 기법이 없어도 됩니다."

그러자 카루소는 몸을 일으키며 진지하게 말했다.

"저는 지금까지 최선 이하로 노래한 적이 없습니다."

카네기의 사람 다루는 능력

우리는 흔히 '인복이 있다'는 말을 한다. 주위에 좋은 사람들이 많이 모일 때 쓰는 말이다. 그저 능력 있는 사람만이 아닌, 꼭 필요할 때 도움을 줄 수 있는 사람이 많다는 뜻이다. 주위에 사람이 많이 모이는 리더들을 보면 밝고 긍정적이고 매사에 최선을 다하는 경향이 있다. 최선을 다하는 것은 그만큼 다른 사람에게 신뢰감을 준다. 최선을 다하는 리더에게는 아무도 부정적으로 말할 수가 없다. 그저 믿고 따를 뿐이다.

철강왕 카네기의 묘비에는 이런 말이 쓰여 있다.

"자신보다 뛰어난 사람을 능숙하게 다룰 줄 아는 사람, 여기에 잠들다."

카네기가 얼마나 열정적이고 최선을 다하는 삶을 살았는지 알 수 있는 글귀다. 카네기는 유능한 인재를 발견하는 능력이 있었고, 그 인재를 다룰 줄 알았다. 실력과 성공적인 인간관계가 뒷받침하고 있었으니 카네기에게 성공이라는 단어가 그리 어색하지만은 않았을 것이다.

열정이 있는 리더들은 언제나 최선을 다한다. 자신의 일에 최선을 다할 뿐만 아니라 주변 사람들도 최선을 다하도록 큰 힘이 되어 준다. 그래서 사람들은 열정이 있는 리더들과 같이 일한다는 것 자체만으로도 힘이 된다. 열정적인 리더는 땀의 의미를 알고 언제 어느 순간에나 열심히 살아간다. 로버트 브라우닝은 최선을 다해 성공한 리더들을 이렇게 정의했다.

"위대한 사람은 단번에 그와 같이 높은 곳에 오를 수 있었던 것은 아니다. 다른 사람들이 잠잘 적에 일어나서 일에 몰두했을 것이다.

'최선'이 재능을 앞선다

증기기관차를 발명한 조지 스티븐슨은 영국 와일램에서 탄광 화부의 아들로 태어났다. 집이 몹시 가난했던 스티븐슨은 학교에 가는 대신 열두 살 때부터 아버지가 다니던 탄광에서 일했다. 열네 살 때 탄광 화부의 조수로 일했고, 열다섯 살 때 비로소 정식 화부가 되었다. 그러나 일하는 중에도 틈틈이 글을 배워 증기기관에 관한 책을 읽으면서 지식을 쌓아갔다. 스물세 살 때 그는 킬링워스 마을의 탄광으로 옮겨 기관사가 되었으며, 서른세 살 때인 1814년에 최초의 증기기관차를 만들었다. 어려운 환경에도 집념과 열정으로 목표를 향해 최선을 다한 스티븐슨을 오늘날 사람들은 '증기기관차의 아버지'라 부른다.

위대한 발명을 했거나 성공한 리더들을 보면 그들에게 특별한 재능이 있었던 것은 아니라는 것을 알 수 있다. 조지 스티븐슨이나 헬렌 켈러와 같이 환경이 좋지 않거나 치명적인 장애가 있는 경우가 많다. 다만 그들은 열정을 가지고 좌절하지 않고 미련할 정도로 최선을 다했기 때문에 세상에 이름을 남기게 된 것이다.

에디슨의 경우를 보자. 그는 위대한 발명가이지만 심한 건망증 환자였다. 이 때문에 학교 성적은 언제나 꼴찌였다. 학교 교육에 제대로 적응하지 못하자 어머니가 집에서 직접 가르쳤다. 특히 수학과 과학에 흥미를 느끼도록 했는데, 어머니의 사랑과 열의가 담긴 가르침 덕분에 에디슨은 점차 공부에 흥미를 느낄 수 있었다. 이처럼 재능이란 후천적으로도 얼마든지 발전시킬 수 있는 것이다.

04

도전 의지가
넘친다

리더는 하고 싶은 일이 있다면 어떤 순간에도 용기를 잃지 않는다.
도저히 불가능하다는 다른 사람의 말에도 귀 기울이지 않는다

이 세상의 성공 역사는 도전하는 사람들이 만들어간다. 도전정신이 없었다면 세계적인 명작이나 예술 작품, 발명품들이 세상에 등장하지 않았을 것이다. 도전은 새로운 변화를 만들고 '기적'이라는 이름으로 세상을 밝힌다. 따라서 열정을 가진 리더는 도전의지가 넘친다.

리더들도 가끔은 스스로에게 실망하거나 좌절할 수 있다. 고생스럽게 일하는 대신 안락함에 몸을 맡기고 싶을 때도 있을 것이다. 그러나 그럴 때 그들은 한 번 더 자기 자신에게 소리친다. "나는 할 수 있어! 조금만 더 노력하면 성공할 수 있는데 지금 포기하는 건 말도 안 돼!"라고 말이다.

도전은 나를 반짝반짝 빛나는 보석으로 바꾼다

리더는 하고 싶은 일이 있다면 어떤 순간에도 용기를 잃지 않는다. 도저히 불가능하다는 다른 사람의 말에도 귀 기울이지 않는다. 도전의지만 잃지 않는다면 어떤 어려움이 가로막아도 반드시 목표에 도달할 수 있기 때문이다. 그런데 아주 단순한 일일지라도 지레 겁을 먹고 할 수 없다는 마음을 갖게 되면 두더지가 쌓아 올린 흙더미에 지나지 않는 작은 일도 태산처럼 커 보인다.

한 농부가 있었다. 농부의 밭 가운데는 커다란 바위가 하나 있었다. 농부는 커다란 바위를 피해서 그 주위의 밭을 갈았다. 쟁기가 바위에 부딪혀 망가지는 일도 두 번이나 있었다. 바위를 볼 때마다 농부는 바위 때문에 얼마나 피해가 큰지 모르겠다며 투덜거렸다.

하루는 농부의 어린 아들이 밭에서 아장아장 걷다가 바위에 부딪혀 상처가 났다. 그래서 농부는 바위를 캐내기로 결심했다. 몇 년 동안 골칫덩어리였던 바위를 없애기로 한 것이다. 커다란 쇠 지렛대를 바위의 한쪽 밑으로 밀어 넣었을 때 뜻밖에도 바위는 쉽게 들렸다. 바위가 아주 얕게 박혀 있었던 것이다. 이처럼 겉으로 커 보여 땅속 깊이 박혀 있을 거라고 지레 겁먹은 농부의 경우처럼 한번 해보지도 않는다면 현실은 전혀 나아지지 않는다.

해보지도 않고 '할 수 없어'라는 말을 자주 사용하는 사람들은 성공의 짜릿한 경험을 한 번도 해보지 못한 이들이다. 성공을 향해 도전하겠다는 확고한 의지가 있을 때 지금까지와는 다른 세계가 펼쳐

진다. 도전하는 리더들은 마음속에서 끓어오르는 열정의 온도를 알기에 뒤를 돌아보지 않고 앞으로 나아간다. 열정이 있는 리더들은 기대감이 있어서 항상 설레는 마음으로 도전한다.

존 민튼 포그는 도전적인 삶을 보석에 비유했다.

"인생은 험난한 노정이다. 도전은 그대를 괴롭혀 먼지 속에 사라지도록 하는 것이 아니라 반짝반짝 윤을 내 찬란한 보석이 되게 한다."

자신이 가야 할 길을 분명하게 정했다면 한계를 뛰어넘고 흐트러지지 않도록 중심을 잡아야 한다. 그러려면 헌신적으로 노력하고 끈질긴 인내심과 피나는 노력을 해야 한다 성공을 향한 도전이 얼마나 멋지고 해볼 만한 일인지 알게 되면 모든 일이 가능해 보인다.

도전은 더 많은 열정을 쏟게 한다

메이저 리그 야구 선수로 성공적인 활동을 했던 밥 왓슨이 말했다.

"나는 경기마다 안타 두 개를 치는 것이 목표였다. 그 정도면 괜찮은 목표라고 생각했다. 적어도 안타 하나는 치겠다는 자세였으니까. 그런데 첫 타석과 두 번째 타석에서 안타를 치고 나면 오늘 목표는 완수했다는 생각이 들어 긴장이 풀려버렸다. 그래서 세 번째 타석부터는 경기에 집중되지 않았다. 얼마 후 나는 내 생각이 얼마나 어리석었는가를 깨닫게 되었다. 동료인 토미는 첫 타석에서 안타를 치면

'오늘 목표는 안타 세 개야', 두 번째 타석에서도 안타를 치면 '오늘 목표는 안타 네 개!' 하는 식으로 숫자를 늘려갔다. 그의 도전의지는 끝이 없었다."

삶은 도전이다. 성공이라는 산이 우리에게 "어서 도전해봐!"라고 말하며 손짓하고 있다. 삶을 의미 있고 가치 있게 살아가려면 도전의지를 일깨워야 한다. 미국의 유명한 심리학자 윌리엄 제임스가 말했다.

"용사의 기분을 맛보고 싶으면 있는 기력을 다해 용사답게 행동하라. 그러면 용기가 넘쳐나 두려운 감정은 가만히 있을 수 없는 기분으로 대치될 것이다."

정신과 열정을 제대로 쏟을 때 자신도 놀랄 정도로 경이로운 힘을 발휘하게 된다. 열정적인 삶은 도전이 있는 삶을 말한다. 용기를 내어 한 번만 더 도전하는 것이다. 도전하면 할수록 사람은 강하고 담대해진다. 열심히 운동하면 건강하고 탄탄한 몸이 만들어지는 것처럼 끊임없는 도전은 정신을 건강하고 강하게 만들어준다.

05

피나는
노력을 한다

땀과 눈물과 피를 흘려가면서 쟁취한 성공만이 의미가 있다.
노동의 기쁨을 알게 된다. 열심히 일하는 기쁨 속에서
성공에 대한 집념과 근성을 배우게 된다.

♛　　　성공한 리더들은 너무 쉽게 절망에 빠지지 않는다. 그들은 절망을 느끼면 이렇게 생각한다.

　'절망은 한순간이다. 절망에서 빠져나가려면 노력, 피나는 노력만이 문제를 해결할 수 있다. 열심히 노력하는 사람은 당해낼 재간이 없다. 열심히 노력하는 사람 앞에서는 어떤 고통이나 두려움도 힘을 못 쓴다. 오직 성공을 향해 박차를 가하는 촉진제만 될 뿐이다.'

노력만이 문제를 해결할 수 있다

　피아니스트가 꿈인 소년이 있었다. 그런데 소년의 손가락이 피아노를 치기에는 너무 굵고 짧다는 음악 교사의 말에 소년은 실망하고 말았다. 실망한 소년은 코넷을 배웠으나 코넷 역시 소년에게 맞지 않는다는 말을 들었다. 소년은 다시 피아노를 시작했지만 마음속에는 항상 '내 손가락은 피아노를 치기에는 너무 굵고 짧아'라는 생각이 자리 잡고 있었다. 그때 마침 피아니스트 루빈스타인이 보는 자리에서 피아노를 연주할 기회가 주어졌다. 소년의 연주가 끝나자 루빈스타인은 소년에게 칭찬과 격려를 아끼지 않았다. 소년은 너무 기뻐서 굳게 결심했다.

'앞으로 매일 일곱 시간씩 연습할 거야. 내 손가락이 굵고 짧은 만큼 다른 사람보다 더 열심히 노력해야겠어.'

소년은 결심대로 하루 일곱 시간씩 피나는 연습을 했고 위대한 피아니스트가 됐다. 그가 바로 리스트 이후 그를 따를 사람이 없다는 찬사를 받은, 세계 최고의 피아니스트 파데레프스키다.

성공한 리더들은 그렇게 성공하기까지 피와 땀과 눈물을 다 쏟는다. 그들이 이루어놓은 성공이 값지고 빛나는 이유도 그 때문이다. 인생을 살다 보면 순풍을 만나 순조롭게 흘러갈 때도 있지만 폭풍우를 만나고 태풍을 만날 때도 있다. 성공한 리더들은 이 폭풍우와 태풍에 맞서 열심히 싸웠다. 노력과 열정이라는 무기로 맞서 싸워 값진 성공을 만들어낸 것이다.

뚜렷한 목표가 있다

자신의 일에 열중하고 있는 리더들은 누가 봐도 멋지다. 이들은 뚜렷한 목표가 있기에 남들이 자고 쉬는 동안에도 열심히 노력한다. 열심히 하면 할수록 일에 재미가 붙고 자부심도 생긴다. 페트 노드버그의 경우를 살펴보자.

페트 노드버그는 장시간의 수술 끝에 겨우 생명을 건졌지만 실어증에 걸리고 근육에도 문제가 생겨 활동이 자유롭지 못했다. 실어증으로 인해 말도 할 수 없었고 과거의 기억도 잊어버렸다. 페트는 직장에 나가고 싶었지만 받아주는 곳이 없었다. 그래서 그녀는 정신박약아들을 도와주는 일을 하기로 결심했다. 이 일을 하는 동안 페트는 목표가 생겼다. 정신박약아들을 위해 상담하고 치유하는 것이었다. 우선 페트는 1단계 목표로 운전면허를 따기로 결심했다. 그녀는 2년 동안 하와이 훌라 춤을 배우고 연습하면서 동시에 운전면허증을 따는 데도 성공했다. 2단계 목표는 대학을 졸업해 상담자 면허증을 따는 것이었다. 그녀는 피나는 노력 끝에 2단계 목표도 이루었다. 목표를 향한 불타는 열의가 실어증과 신체 부자유를 극복하고 정신박약아들의 부모를 상담할 수 있는 일을 할 수 있게 만든 것이다.

성공의 4단계

땀과 눈물과 피를 흘려가면서 쟁취한 성공만이 의미가 있다. 노동의 기쁨을 알게 된다. 열심히 일하는 기쁨 속에서 성공에 대한 집념과 근성을 배우게 된다.

제시 오웬스라는 소년이 있었다. 어느 날 찰리 패독이라는 유명한 육상 선수가 학교를 방문해 강연을 했다. 강연 도중에 찰리는 제시를 향해 물었다.

"너는 어떤 사람이 되고 싶니?"

제시가 대답했다.

"아저씨처럼 유명한 육상 선수가 되고 싶어요!"

그러자 패독은 제시에게 이런 말을 해주었다.

"꿈을 가지는 것만으로는 이룰 수가 없단다. 꿈을 이루기 위해서는 반드시 사다리를 놓아야 한단다. 첫 번째 계단은 인내이고, 두 번째 계단은 헌신이고, 세 번째 계단은 훈련이고, 네 번째 계단은 기도란다. 이것들을 모두 지킬 때 네 꿈은 이루어질 것이다. 이 말을 들은 제시 오웬스는 어떤 어려움이 있어도 육상 선수가 되기를 포기하지 않았다. 피나는 노력만으로 올림픽에서 네 개의 금메달을 목에 걸며 그는 세상에서 가장 빠른 사람이 되었다.

06

가진 것을
모두 건다

열정만 있으면 언제든 우리는 변화할 수 있다.
열정이 있으면 삶에 힘이 넘치기 때문이다.
그러나 자신이 가지고 있는 모든 것을 걸지 않으면 안 된다.

♔ **열정은 전염성이 강해** 주위 사람을
열정적으로 만든다. 사장이나 팀장이 열정적이면 그 회사원 모두가
열정적이 되며, 팀장이 열정적이면 그 팀원 모두가 열정적인 팀원이
된다. 그리하여 모두가 열정으로 가득 차 일에 대한 의욕이 넘치고
따라서 능률도 오르게 된다. 그러나 한 사람이 열정이 식으면 주위
사람들도 함께 열정을 잃게 된다.

누구나 삶에 열정을 쏟으면 기쁨이 넘치고 없던 힘도 생기며 잠재
되어 있던 능력도 깨어난다. 자연스럽게 주변 사람들도 관심을 갖게
되고, 사람을 끌어당기는 힘을 만들어 성공하는 계기가 마련된다.
소극적이었던 사람이 열정을 갖게 되면 적극적인 사람이 되고, 가난

한 사람도 가난을 이길 수 있는 힘을 갖게 된다.

열정은 현재를 열심히 살게 한다

미국 뉴욕의 한 사무실에서 베드포드가 사환으로 일을 하고 있었다. 그는 할 일을 마친 후 남들이 퇴근을 하는데도 사무실에 남아 할 수 있는 일이 없는지 찾아 일을 했다. 출납계원이 바쁘게 계산하고 있으면 도와주고 자진해서 옆에서 잔심부름도 해주었다. 그의 열정에 감탄한 회계사는 베드포드에게 회계 업무에 대해서 가르쳐주었다. 얼마 후에 베드포드는 출납 대리를 맡을 수 있을 정도로 실력이 늘었다. 회계사는 다른 회사로 옮기면서 자신이 있던 자리에 베드포드를 추천했다. 베드포드는 훗날 뉴저지에 있는 석유회사의 사장이 되었다.

열정만 있으면 언제든 우리는 변화할 수 있다. 열정이 있으면 삶에 힘이 넘치기 때문이다. 그러나 자신이 가지고 있는 모든 것을 걸지 않으면 안 된다. 열정을 쏟으면 쏟을수록 성취했을 때의 기쁨과 만족은 더 커지게 마련이다. 만약 지금 자신의 삶에서 재미를 발견하지 못한다면 생활을 점검해볼 필요가 있다. 꿈과 목표가 있는지, 그리고 그 꿈과 목표를 이루려는 열정이 있는지 말이다.

후회하지 않는 삶을 살기 위해서는 성실, 용기 그리고 도전이 필요하다. 적어도 꿈과 목표와 열정만 있어도 최소한 무의미하고 재미

없는 삶을 살지 않게 된다. 무력감은 의지가 빈약한 데서 비롯되지만 무엇보다도 삶에 대한 열정이 없을 때 생기는 것이다.

열정적인 리더는 자신의 일이 원하는 방향으로 풀리지 않고 있을 지라도 현재를 열심히 산다. 내일을 기약하면서 현재 최선을 다해 살면 나아갈 방향을 알게 되기 때문이다. 그리고 목표가 확고하게 정립되어 있기에 쓸 데 없는 걱정은 하지 않는다. 비록 힘들어서 휘청거릴 때가 있더라도 반드시 일어나게 되기 때문이다.

나이는 장애가 되지 않는다

유명한 이스라엘인 학자 아카바는 《아카바의 선물》이라는 책을 썼다. 부자가 되는 방법을 이야기를 통해 전달해주는 이 책은 우리나라 독자들에게도 많이 알려져 있다. 그는 원래 어느 부잣집의 하인이었다. 그런데 주인의 딸을 사랑하게 되면서 딸과 함께 쫓겨나는 신세가 되었다. 그렇게 주인집 딸과 부부의 인연을 맺고 살게 되었는데 부인이 그에게 공부를 권했다. 그때 그의 나이는 이미 중년을 넘어서고 있었다. 아카바는 이제 와서 무슨 공부냐며 아내의 부탁을 거절했다. 그러던 어느 날 그는 양을 치러 갔다가 목이 말라 바위틈에 흐르는 물을 마셨다. 그런데 바위에 조그마한 구멍이 보였다. 자세히 보니 위에서 흐르는 작은 물방울이 단단한 바위에 구멍을 내고 있는 것이 아닌가. 그것을 보는 순간 그의 가슴에 뭔가 느껴지는 바가 있었다.

'그렇다. 지금이라도 늦지 않았다. 공부를 하면 나도 훌륭한 사람이 될 수 있다.'

이때부터 아카바는 밤낮을 가리지 않고 열심히 공부하여 마침내 이스라엘뿐만 아니라 세계적으로 인정받는 유명한 학자가 되었다. 그는 나이를 뛰어넘어 열정을 쏟아 부으면 성공할 수 있다는 좋은 모델이 된 것이다.

열정이 있으면 나이가 많다거나 형편이 어렵다고 포기하고 어영부영 세월을 보내지는 않는다. 일단 시작부터 한다. 나이가 많다면 다른 사람보다 그만큼 더 노력하고, 형편이 어렵다면 가능한 것부터 시작해본다. 뜻이 있으면 길이 있다고 한다. 좋지 않은 상황을 극복하고 열정을 쏟아 부으면 뜻밖에도 길이 열리는 법이다.

07

숨어 있는 열정을
찾아내는 여섯 가지 기술

누구에게나 열정은 있다.
단지 드러날 기회를 만나지 못한 것뿐이다.
그렇다면 잠재된 열정을 찾는 여행을 떠나보자.

휴맥스 변태규 사장처럼 열정을 쏟아 부을 만한 어떤 일을 발견해 성공한 삶을 사는 사람이 있는 반면, 대부분은 자신이 어떤 일에 열정이 있는지 알지 못한 채 현재 하고 있는 일에 전념하지 못한다. 그래서 즐겁게 일을 하지도 못할뿐더러 진정으로 원하는 삶을 살지도 못한다. 불행하다고 느끼지는 않더라도 삶에서 소중한 무언가가 빠졌다는 생각이 들 수 있다. 혹은 사는 게 의미 없고 허무하다는 생각이 들 것이다.

누구에게나 열정은 있다. 단지 드러날 기회를 만나지 못한 것뿐이다. 그렇다면 잠재된 열정을 찾는 여행을 떠나보자. 성공한 리더들이 숨어 있는 열정을 찾아내는 여섯 가지 방법은 다음과 같다.

첫째, 살아오면서 자신도 놀랄 정도로 열정적인 순간이 어떤 일을 할 때였는지 스스로에게 물어본다. 어린 시절 좋아했던 일은 무엇이 었는가? 커서 어떤 사람이 되고 싶었는가? 시간 가는 줄 모르고 열정적으로 전념했던 일이 있었는가? 지금 하고 싶은 일은 무엇인가? 스스로에게 이런 질문을 던지다 보면 자신이 좋아하는 일이 무엇인지 어렴풋이 떠오를 것이다.

둘째, 가까운 친구나 배우자, 가족들에게 자신의 장단점이나 재능, 능력이 무엇인지 진지하게 물어본다. 가깝게 지내는 사람들이 오히려 내가 모르는 나를 알고 있을 수 있다.

셋째, 동호회나 취미 생활을 적극적으로 즐긴다. 좋아하는 일 중에서 열정을 발견하기 쉽다.

넷째, 배우고 싶은 강좌를 수강한다. 대학원에 들어가거나 학원 강좌를 수강해도 좋다. 새로운 경험은 숨어 있는 열정을 자극하는 데 도움이 된다.

다섯째, 사회생활에 적극적으로 참여한다. 사회생활을 하면 자신이 어떤 일을 잘하는지, 어떤 성향의 사람인지 좀 더 객관적으로 바라볼 수 있게 된다.

여섯째, 여행, 독서 등 자신의 내면을 바라볼 수 있는 시간을 가진다. 여행은 세상을 넓게 바라볼 수 있는 안목을 키워주고, 독서는 새로운 아이디어와 다른 사람의 삶을 엿볼 수 있는 기회를 준다.

사무엘 울만은 이렇게 말했다.

"세월은 피부에 주름살을 만드나 열정을 포기하는 것은 영혼에 주름살을 만든다. 열정이 스위치를 끌어당긴다."

08

열정을 갖기 위한
리더들의 자세

리더들은 자신의 열정에 대해서 생각해보고 명확하게 그림이
떠오르지 않으면 시간을 들여서라도 명확하게 파악하려 한다.
자신을 충족시켜주는 것이 무엇인지 모른다면 알게 될 때까지 몰두한다.

자기 안에서 냉소주의를 버려라

리더들은 열정을 갖기 위해서 우선 자신이 가지고 있을지도
모르는 냉소주의를 모두 통제한다. 이것은 리더로서 성공하기 위해
서도 중요하지만, 자기 자신에게 내적 동기부여를 주기 위해서도 매
우 중요하기 때문이다.

그럼 여기서 말하는 냉소주의란 무엇을 말하는 것일까? 냉소주의
란 모든 일이나 사물을 부정적이고 회의적으로 보고 생각하는 것이
다. 예를 들어 어떤 힘든 일이 주어졌을 때 그 일을 잘해낼 수 있을
까 하는 의심부터 갖는 것이 바로 냉소주의다. 그러면 리더들은 냉

소주의를 어떻게 통제하는가? 이 물음에 대답하기에 앞서 냉소주의에 대해서 조금 더 생각해보자.

자신이 하는 일에서 먼저 무엇을 잘못했는가를 물음으로써 상황을 판단한다면 언제나 잘못된 것, 그리고 잘못될 여지가 있는 것부터 발견하게 될 것이고 세상은 결점과 문제로 가득 차 있다고 느낄 것이다. 이렇게 생각하는 것이 습관화되어 있으면 자신이 하는 일에서 보상을 받기보다는 오히려 스트레스를 느끼게 된다.

이런 유형의 사고방식은 바꾸어야만 한다. 이런 사고를 가지고 있다고 느낀다면 어떤 것이 잘 이루어져 있고, 어떤 것이 잘 이루어질 것인가에 대해서 생각함으로써, 즉 긍정적인 태도를 가짐으로써 균형을 이루도록 해야 한다. 여기서 말하고자 하는 것은 어떤 문제가 있다면 그 문제를 무시하라는 것이 아니라 그 문제를 너무 지나치게 부각시키지 않는 균형 잡힌 시각을 가지라는 것이다. 예를 들어서 자신에게 어떤 문제점이 있다면 그 문제에 너무 집착하지 않으면서 자신에게 장점도 있다는 균형 잡힌 사고를 하라는 것이다.

열정적인 리더들이 자신 안에 들어 있을지도 모르는 냉소주의를 통제하는 방법은 긍정적인 것을 더 많이 생각하는 균형 잡힌 시각, 즉 희망과 열정이 살아 있는 시각에서 바라보도록 계속 선택을 하는 것이다.

열정적인 리더들이 냉소주의를 통제하는 또 하나의 방법으로 자신의 열정과 이상을 키워줄 수 있는 사람들, 즉 냉소주의적인 사고를 갖고 있지 않은 사람들과 친교를 하는 방법이 있다. 리더들은 조언자나 친구를 선택하는 데 고려해야 할 매우 중요한 선택 기준으로 이러한 것을 생각한다. 기회를 잡도록 도와주는 사람이 좋지 언제나 "이건 최악이야. 언제나 이 모양이야"라고 이야기하는 사람이 좋지는 않을 것이다.

자신의 열정을 명확히 파악하라

리더들은 자신의 열정에 대해서 생각해보고 명확하게 그림이 떠오르지 않으면 시간을 들여서라도 명확하게 파악하려 한다. 자신을 충족시켜주는 것이 무엇인지 모른다면 알게 될 때까지 몰두한다. 모르는 것을 추구할 수는 없기 때문이다.

자신이 직장에서 흥분을 느끼고 충족감을 느꼈던 때를 생각해보라. 그런 경우의 공통점은 무엇인가? 가능하다면 자신이 품고 있는 열정을 더 명확히 파악하기 위하여 자신을 잘 아는 지인과 이야기해보라.

리더들은 자신의 열정에 대해서 명확하게 파악했다면 이를 비밀로 하지 않는다. 같은 생각을 하고 있는 리더들이나 자신을 이해할 수 있는 동료 리더들과 이 정보를 공유한다. 그렇게 하여 자신에게 맞는 유형의 프로젝트나 업무가 자신에게 집중되도록 도움을 구한다.

자신의 열정이나 꿈이 무엇인지 검토하기를 망설이는 리더들이 있다. 그들은 자신이 업무나 조직에 잘 맞지 않는다는 의심을 가지고 있는 것이다. 이런 리더들은 지금이라도 그 사실을 발견하고 행동을 취하는 편이 그 직장에 머물러 녹슬어가는 것보다 나을 것이다. 자신의 에너지를 모두 고갈시키는 직장에 계속 머물러 있는 것은 궁극적으로 모두에게 도움이 안 된다. 자신은 물론 가족이나 친구, 그리고 부하직원이나 구성원 모두에게도 좋지 않은 것이다. 이런 리더는 실패하기 마련이므로 리더로서 자신의 열정을 공유할 수 있는 그런 직장을 찾아라.

대담한 비전을 주창하는 사람이다

자신에게 열정을 불러일으키려면 대담해질 필요가 있다. 개인적으로 비전을 갖는 것은 단기 목표를 갖는 것과는 차원이 다르다. 단기 목표를 세울 때는 너무 크지 않고 가능성이 확실한 목표를 세워야 한다. 하지만 리더가 비전을 갖는 것은 자신은 물론 조직이 영감을 주는 미래로 도약하는 것을 의미한다.

지금 하고 있는 일이 어떤 모양을 갖고 있으면 좋겠는가? 충만감과 기쁨을 주는 일은 어떤 일인가? 만일 그 비전이 대담한 것이 아니라면 앞으로의 인생에 달라질 것은 없다. 리더가 대담한 비전을 가졌을 때 자기 자신은 물론 조직 전체가 비로소 미래에 대한 흥분에 사로잡히고 앞으로 나아가며 이를 가능하게 할 방법을 찾게 되는 것이다.

어떤 과제를 수행하고 싶은가? 성취하고 싶은 일이 무엇이며, 누구를 위해서 성취하고 싶은가? 그런 일이 일어날 때 어떻게 알아볼 것인가? 조직의 구성원과 관계는 어떻게 할 것인가? 조직의 비전이 발전하도록 도울 때 개인적인 비전은 조직 구성원에게 중요한 사례가 되고 조직의 비전에 핵심이 되는 부분을 제공할 수 있다. 따라서 조직의 비전을 이야기하기 전에 자신의 개인적인 비전을 개발해야 할 것이다.

개인적 비전과 조직의 비전은 리더가 속한 조직의 구성원에게 표본이 될 수 있다. 동료들, 부하들과 그러한 비전을 공유하라. 조직의 비전과 개인적 비전이 함께 커갈 수 있도록 대담한 비전의 주창자가 되어야 한다.

가장 의미 있는 일에 집중하라

자신이 몸담고 있는 기업이나 조직에서 지금 하고 있는 일이 자신에게 어떤 의미를 가지고 있는가를 스스로 자문해볼 필요가 있다. 그럼으로써 열정과 비전을 불러일으키게 되고 그 일이 정말 하고 싶은 것인지 아닌지를 확인할 수 있다.

물론 아무런 의미가 없는 과제도 있다. 그런 일에는 열정이 솟아날 수가 없다. 자신이 그 일에 의미가 있다고 생각할 때 그 일에 대한 열정이 생기는 법이다. 의미가 없는 일은 없애버리거나 단순화시킬 필요가 있다. 그리고 자신의 비전과 열정에 잘 맞는 새로운 과제들을 시작하거나 지원해야 한다. 가능하면 가치가 적은 과제에 시간을 소비하는 일을 줄여야 한다. 특히 하루 일과 중 가장 창의적일 수 있는 시간에는 더욱 그렇다. 하루를 시작할 때 의미 있는 일이나 과제로 시작했다면 비록 오후에는 의미 없는 일을 하게 되어도 하루를 낭비했다는 느낌이 들지 않을 만큼 충분한 에너지를 얻게 될 것이다.

자신의 에너지를 어떻게 관리할 것인가? 일이란 일은 모조리 효율적으로 수행하는 것이 훌륭한 시간 관리는 아니다. 훌륭한 시간 관리란 가장 창조적일 수 있는 시간에 가장 의미 있는 일을 하는 것이다. 이것이 바로 열정을 이끌어내는 가장 좋은 방법이다.

09

리더가 조직에 열정을
불어넣는 방법

조직은 여러 가지 이유에서 공통의 열정을 확인할 필요가 있다.
열정을 확인하면 그 일을 하는 동기에 대해서 생각하게 된다.

ᐃ   **일의 의미를** 어떻게 구축해야 하는가 하는
문제가 오늘날 글로벌 시대를 맞이하여 리더가 해결해야 할 실질적
인 문제가 되었다. 이 문제를 해결하는 방법으로 여러 가지 있을 수
있으나 열정을 가지고 부하의 혼을 움직이는 리더가 사용하는 방법
은 다음의 다섯 가지다.

❶ **조직에서 냉소주의를 몰아낸다**

구성원이 안심하고 자신의 정열에 대해서 이야기할 수 없다면 조
직이 의미 있는 목표를 중심으로 에너지를 충전하기는 어렵다. 집단
업무에서 가장 큰 기쁨 중의 하나는 일에 대한 흥분을 공유하는 것

이다. 하지만 냉소적인 목소리를 내는 사람이 한둘만 있어도 그 흥분에 찬물을 끼얹기에는 충분하다.

냉소주의는 조직에서 어떤 부정적인 결과를 가져올까? 냉소적인 논평은 이상과 정열을 표현하는 사람들을 당황시키거나 수치심을 준다. 그래서는 부하들이 자신의 열정으로 에너지를 얻고 보상을 받을 수 없다. 또한 냉소주의는 열정을 억눌러버린다. 이는 모두가 바라는 것과 정반대의 상황이다. 따라서 리더가 냉소주의를 몰아내기 위해서는 집단 토의에서 이런 목소리에 맞서고, 이상주의와 열정을 장려하는 집단 규범을 확립하는 것이 중요하다.

피터 블록의 저서 《스튜워드십》에 의하면, 냉소적인 사람의 힘은 자신의 입장을 뒷받침하고 있는 사실을 가지고 있다. 이상주의적 목표가 실패로 돌아가고 열정이 있었지만 결과가 실망스러운 사례도 있다. 그러므로 냉소주의자가 틀렸다고 반박해서는 안 된다. 리더는 과거에 그런 실패가 있었음을 인정하고 그들에게 맞장구칠 수도 있다. 하지만 냉소주의든 열정이든 결국 '선택'의 문제라는 것을 반드시 지적해야 한다. 그리고 자신의 결정은 가치 있는 무엇인가를 성취하기 위해 노력하는 것이라고 제안해야 한다. 그와 함께 그 냉소주의자를 포함해 다른 사람들도 뜻을 같이해줄 것을 권유해야 한다. 집단의 나머지 사람들이 그와 같은 리더의 선택을 본다면 "그래, 냉소주의가 좋은 선택이야. 희망과 열정 따윈 필요 없어. 되는 대로 일하자"라고 말하기는 힘들어질 것이다.

❷ 조직의 열정을 확인한다

조직은 여러 가지 이유에서 공통의 열정을 확인할 필요가 있다. 열정을 확인하면 그 일을 하는 동기에 대해서 생각하게 된다. 만약 공유된 열정을 확인할 수 없다면, 구성원들은 각자의 직무가 때로는 충족감을 주기도 한다는 사실을 인정하면서도 자신들이 일하는 주된 목적은 돈을 벌기 위해서라고 생각하게 된다.

리더로서 조직원들에게 이렇게 물어라.

"단순히 돈을 벌기 위해서라면 다른 일을 할 수도 있었을 것입니다. 이 일은 다른 일을 마다하고 당신이 선택한 일이 아닙니까?"

구성원들이 중요하게 생각하는 것은 무엇인가? 리더가 구성원들의 열정을 분명히 확인할 수 없다면 조직원들이 일의 의미를 느끼기를 기대할 수는 없을 것이다. 어떤 조직이든 그 열정의 내용을 이해하고 나면 보다 체계적으로 그것을 추구할 수 있게 된다. "아하, 이것이 우리가 중요하게 생각하는 것이로구나. 자, 이제 그것을 추구해보자" 하고 말이다.

조직의 공유된 열정을 이해하는 그 자체야말로 조직을 단결시키는 강력한 힘이 된다. 구성원들은 서로를 더 높이 평가하고 공통의 목표를 추구하는 동반자로서 서로를 인정하게 된다.

열정을 명확하게 하는 것은 조직으로 하여금 상명하달 식으로 임무를 받아들이게 하는 것도 아니고, 리더의 열정을 다른 구성원에게 강요하는 것도 아니다. 조직이 열정을 갖게 하려면 리더는 먼저 '그 열정이 무엇인가를 아는 것'으로부터 시작해야 한다. 그러기 위해서는 조직 구성원과 한 사람씩 만나 그들이 업무에서 가장 중요하게 생각하는 것이 무엇인지 이야기해야 한다.

어떤 사람은 직설적으로 대답하기를 어려워할 수도 있다. 젊은 조직원들 중 일부는 자신이 일에 대한 열정을 가지고 있다는 사실을 발견하고 있는 중일 수도 있고, 또 다른 이들은 열정을 가지고 있다는 사실은 알지만 명확하게 이름 짓기 어려워할 수도 있다. 하지만 대부분은 자신이 가장 흥분할 때나 일을 가장 소중히 여길 때가 언제인지 예를 들어줄 수 있다. 이때 리더는 조직원들이 자신의 정열을 꼭 집어 이야기하도록 도움을 줄 수 있다.

이런 대화를 나누다 보면 많은 조직원들이 '충만감을 주는 일이란 없다'고 믿고서 자신의 열정을 만족시켜주지 않는 일에 주저앉고 말았다는 사실을 발견하게 될 것이다. 그들의 정열에 도달하기 위해서 그들의 꿈에 대해 이야기할 수도 있다. 꿈은 낮은 수준이거나, 실제적이거나, 타협적인 목표가 아니다. 꿈은 보다 대담하고 열정에 보다 직접적으로 관련된 것이다. 누구나 느낄 수 있을 것이다. 대화가 자신의 열정과 꿈에 관한 것으로 흐를 때 많은 사람들이 말의 톤이나 에너지 수준, 심지어는 자세까지도 달라지는 것을! 이는 에너지와 잠재적인 충만을 상기시켜주는 강력한 요인이다.

조직 구성원과 이야기해보면 조직의 열정에서 겹치는 커다란 부분을 확인할 수 있다. 자신이 발견한 것을 집단 전체와 공유하면서 그들의 반응을 이끌어내는 것이 좋다. 하지만 일단 이런 과정을 시도하고 집단이 정열에 대하여 공공연하게 이야기하기 시작하면, 집단 구성원들이 그런 정열을 추구하기 위하여 확실한 행동을 원할 것이라는 사실을 명심해야 한다. 리더 자신과 조직이 확실한 행동을 취하지 않는다면 더 큰 냉소를 불러일으킬 수도 있다.

❸ 조직의 비전을 제시한다

비전은 조직의 목표, 다시 말하면 조직이 이루어내고자 하는 미래상이다. 비전은 조직의 환상을 반영하는 대담하고 가슴 설레는 가능성으로 조직의 열정을 구체화시킨다. 이는 조직 구성원들이 성취하기 위해 노력하는 실현 가능한 꿈이다. 공유된 비전이 없다면 조직의 열정은 초점이 사라지거나 통합되지 않고 서로 다른 방향으로 흩어질 수 있다. 리더로서 이러한 비전에 대한 정보를 조직으로부터 많이 수집할 수는 있지만 그 비전을 공표하고 뒷받침하는 것은 궁극적으로 리더의 책임이다.

리더십 연구가인 제임스 쿠지스와 배리 포즈너는 조직이 리더에게 가장 크게 요구하는 것은 '조직을 위한 비전, 그리고 그것을 추구하는 데 있어서 개인의 성실성'이라고 했다. 비전을 발전시키는 것은 일회성 요구가 아니다. 리더는 계속해서 비전을 표명하고 행동으로 뒷받침해주어야 한다.

좋은 비전은 어떤 것인가? 좋은 비전이란 조직의 공유된 열정에 부합하는 비전이다. 예를 들어 어떤 기업의 기술지원 부서가 공유한 열정은 최첨단의 기술 혁신을 이루고 고객을 돕는 것일 수 있다. 이 부서를 위한 좋은 비전은 고객 만족과 함께 기술적 혁신에서 공인된 리더가 되는 것이다. 하지만 이렇게 단순한 진술만으로는 충분치 않다. 보다 완전하고 구체적인 상이 제시되어야 한다. 예를 들어 '조직이 다수의 특허를 소지하고, 다른 기업체의 유사한 부서에서 벤치마킹을 하고, 그 부서의 혁신에 대해서 전문적 컨퍼런스에서 초청 강연을 하는 것'일 수 있다. 마찬가지로 고객들로부터 그 조직이 높은 만족도 점수를 받고, 현 고객들이 다수의 고객들을 소개하고, 업무와 관련하여 표창장을 받는 것 등도 해당될 수 있다.

이런 세부 사항들을 제시하면 비전이 보다 사실적이어서 조직 구성원들을 움직이는 힘을 갖게 된다. 또한 그와 같이 제시된 세부 사항들은 나중에 비전 달성을 향해 어느 정도 진전이 이루어지고 있는지를 평가하는 근거가 되기도 한다.

❹ 구성원들에게 목표를 준다

비전이 조직의 커다란 목표라면, 조직 구성원의 일상적인 일은 보다 작고 구체적인 일들, 즉 물건을 만들고 주문을 하고 보고서를 쓰고 회의에 참석하는 등의 업무로 이루어진다. 이러한 세부적 업무의 많은 부분이 평범하거나 무의미하다면 가슴 설레는 비전을 가진 것만으로는 충분하지 않을 수 있다.

업무에 활력을 공급하려면 이러한 일상적인 과제가 비전에 큰 공헌을 한다는 사실이 아주 중요하다. 그렇지 않으면 일상적인 과제에 치여 활력을 잃게 되기 때문이다.

조직의 비전은 조직 구성원들이 수행하는 과제를 재설계하고 수

정하는 근거가 된다. 바쁘기만 하고 아무런 보람이 없는 과제는 없애야 한다.

비전에 큰 도움이 되지 않는 잡무는 하청을 주거나 단순화시켜야 한다. 이는 구성원들이 비전을 실현하는 데 사용할 수 있는 시간을 늘리기 위해서이다.

리더의 업무 중 하나는 소득이 적은 임무로부터 조직을 자유롭게 하는 것이다. 여기에는 상사나 다른 부서와 논의하여 서류 작업을 줄인다든가, 중요한 문제가 있을 때에만 회의를 열며 회의는 효율적으로 진행하는 것 등이 포함된다.

조직 구성원들이 이와 같은 업무 재설계에서 주요한 역할을 담당하도록 하라. 비전을 가짐으로써 느끼는 흥분은 업무 수행에 필요한 에너지를 공급한다. 지난 수년 동안 제너럴 일렉트릭은 '워크 아웃' 과정을 통해 하급자가 주도하는 재설계에서 큰 성공을 거두었다.

무의미한 절차를 줄이자는 자신의 제안을 상사가 진지하게 들어준다는 것을 인지했을 때 사람들이 커다란 에너지와 창의성을 얻는 것을 주위에서도 많이 목격할 수 있다. 어떤 조직에서도 이런 일이 일어날 수 있다. 업무의 재설계를 조직원에게 강요할 필요는 없다. 만약 조직원이 의미 있는 목표에 헌신한다면, 그들은 목표에 대한 장애물을 제거하기 위해서 스스로 변화를 주도하게 될 것이다.

❺ 전체를 맡긴다

마지막으로 개개인의 구성원들이 가능하다면 한 프로젝트 전체를, 혹은 최소한 한 프로젝트의 주요한, 눈으로 확인할 수 있는 부분을 수행할 수 있도록 업무 과제가 설계되거나 할당되도록 해야 한다. 직무 설계의 이 확고한 원칙은 구성원들이 보다 크고 눈에 띄는 공헌을 하게끔 해준다. 이는 또한 구성원들이 더 큰 자부심을 가질 수 있게 해주기도 한다. 어떻게 하면 조직원들로 하여금 더 큰 자부심을 갖게 할 수 있을까? 그들의 자녀들을 직장에 데리고 와서 "아빠가 하는 일이 뭐예요?"라는 질문에 대답하는 장면을 상상해보라. 만약 그 대답으로 잡다한 작은 과제들을 길게 나열한다면 자녀들이 큰 자부심을 느끼기 어려울 것이다. 서비스 직종에 종사하는 구성원들에게는 고객이 필요로 하는 모든 서비스에 대해 책임을 지도록 하고, 한 명의 스태프에게 전체적인 보고를 책임지게 하는 것이 자료를 모으게 하는 일보다 훨씬 큰 자부심을 줄 것이다.

Part 05

글 로 벌 시 대 의
뉴 리 더 의
조 건

새로운 리더십의 조건은
신뢰성과 독특성을 통한 영향력 발휘이다

01

리더십에는 극대화된
영향력이 있다

영향력이란 어떤 사물의 효과나 작용이 다른 것에
미치는 힘, 또는 그 크기나 정도를 말한다.
영향력은 리더십과 비슷하게 쓰이지만 자세히 보면 다른 부분이 있다.

♛　　　　**어떤 젊은이가** 진리를 찾아 여행을 떠났
다. 커다란 산맥을 넘어서자 멀리서 불빛이 보였다. 달빛을 받으며
한참을 걸어 마을에 도착하자 한 노인이 그를 반갑게 맞아주었다.

"이 지역에서 위대한 지도자가 태어난 적이 있습니까?"

젊은이가 묻자 그 노인은 이렇게 대답했다.

"아니요, 이 지역에서는 아이들만 태어나지요. 우리 동네는 이상
하게도 아이들만 태어납니다."

지도자가 되기 위해서 태어난 것이지 지도자가 만들어져 태어난
것이 아니라는 이야기다.

리더십이란 무엇일까? 리더십이란 자신으로부터 다른 사람에게

끼치는 영향력을 말한다. 모든 사람들은 관계 속에 살아가는데, 이 관계 속에 미치는 영향력이 바로 리더십이다.

또 영향력이란 어떤 사물의 효과나 작용이 다른 것에 미치는 힘, 또는 그 크기나 정도를 말한다. 영향력은 리더십과 비슷하게 쓰이지만 자세히 보면 다른 부분이 있다. 리더십은 일찍이 정치학이나 사회학에서 커다란 문제로 취급되어왔으나, 오늘날 기업을 관리함에 있어 중요한 부분으로 인식되면서 경영학, 특히 경영관리 면에서 중요한 문제로 부각되고 있다. 오늘날 경영자의 리더십은 결국 기업의 발전을 좌우하는 능력의 평가 기준이 되었다.

성경에 리더십과 영향력에 대해서 언급한 부분이 있다. 성경에 의하면 영향력은 신뢰성과 독특성을 통하여 배려와 재생산을 이끄는 리더십의 원천이다. 신(神)은 우리의 유능함과 유효성과 더불어 우리의 의존성을 보고 우리를 사용한다. 유능함과 유효성의 경우, 사람이 보기에는 대단한 인물로 보이더라도 신이 보기에는 껍데기에 불과할 수도 있다.

영향력 있는 리더의 특성

영향력 있는 리더의 특성은 다음과 같다.

첫째, 영향력 있는 리더는 자신을 따르는 이들의 니즈(Needs)에 민감하다. 둘째, 영향력 있는 리더는 자신에게 보여준 기회를 탁월하게 사용한다. 셋째, 영향력 있는 리더는 자기를 따르는 이들을 설득하는 능력이 뛰어나다.

영향력이라는 것은 언어를 통해서 나타나는데, 같은 말도 리더가 할 때와 평범한 개인이 할 때 그 영향은 다르다. 작고한 성철 스님이 "산은 산이요, 물은 물이로다"라고 말한 것과 일반 사람이 그와 같은 말을 하는 것은 그 미치는 영향이 다를 것이다. 일반 사람이 그런 말을 했다면 그 말에 동의하기도 전에 웃을 수밖에 없는 노릇이다. 이것은 사람과 사람 사이의 개인적인 관계 속에서 나타나는 영향력의 차이에서 비롯된 것이다.

뉴 리더의 첫째 덕목

사람은 말로써 인정받기도 하고 비난받기도 한다. 세계적으로 인정받던 사람이 말 한마디 잘못하여 비행기가 추락하듯 인기가 떨어지는 경우도 많다. 이것은 그 사람의 영향력에 문제가 제기된 것이라고 할 수 있다.

글로벌 시대에 뉴리더로서 갖추어야 할 첫째 덕목은 '준비된 말'이다.

준비된 말이 사람들의 마음을 움직인다. 뉴리더는 자신을 따르는 사람들의 말을 들으며 그 말들 중 영향력 있는 메시지로 사용할 수 있는 것을 끊임없이 검토하여 그것을 극대화할 수 있도록 슬로건을 만든다. 뉴리더는 사람이 기억할 수 있는 가치 있는 말들을 전달함으로써 영향력을 갖출 수 있다. 전달의 법칙을 활용함으로써 사람들을 설득할 수 있는 것이다. 심리학자에 의하면 우리는 들은 것의 10%를 기억하고, 본 것의 50%를 기억하며, 말한 것의 70%를 기억하고, 보고 듣고 말하고 행한 것은 90%를 기억한다고 한다.

영향력을 발휘하는 기술

역사적으로 훌륭한 인물들은 언제나 대중과 함께 있었다. 역사상 가장 영향력 있는 리더로 꼽히는 마틴 루터 킹은 수만 명이 모여 있는 가운데 홀로 서서 호소력 있는 연설을 함으로써 많은 사람들을 감동시켰다.

말의 영향력은 지나치게 오랫동안 묻어두면 효과가 격감된다. 영향력은 적절한 타이밍을 갖출 수 있는 기술이다. 어떤 일이든, 어떤 문제든 때를 놓치면 안 된다. 좋은 말도 주제가 한참 넘어간 뒤에는 쓸모없는 소리가 된다.

직장에서도 마찬가지로 상사가 부하직원에 대하여 영향력을 극대화하려면 그 사람이 할 수 있는 가능성이 있는 것들 중에서 지시를 해야 한다. 만일 그 사람이 할 수 없는 일을 하도록 하면 서로의 관계는 악화되고 말 것이다.

일을 시킬 때는 '협상'이나 '절대로' 같은 말을 피해야 한다. 상사가 부하직원에 대한 영향력을 행사하려면 따르는 자들의 잘못에 대하여 자신의 느낌을 소상하게 말한 적이 있는지, 그 문제를 고치기 위한 해결방안을 제시했는지, 동료로서 또는 친구로서 그의 가치를 깊이 인정하고 있는지 생각해봐야 한다. 누구에게든 큰 영향력을 행사하려면 격려와 칭찬이 필요하다. 격려의 기회를 찾아라. 진실하게 격려하라. 사적으로 칭찬하라. 구체적으로 칭찬하라. 부하들에게 영향력을 나타내려면 정신력보다 칭찬의 테크닉이 필요하다.

02

리더의 행동 하나하나가
조직에 영향을 미친다

글로벌 시대에는 도덕적인 면에서도 뛰어남을 보여야
리더로서 위치를 굳건히 하고 영향력을 발휘할 수 있다.

♔ 리더가 하는 모든 행동은 영향력을 지닌다. 리더의 행동은 조직 내에서 누군가에게 도움이 되기도 하고 해가 되기도 한다. 조직원들은 리더의 행동을 지켜보며 좋든 나쁘든 영향을 받는다. 따라서 성공하는 리더는 말뿐 아니라 행동을 통해서도 조직원을 이끌 수 있다는 사실을 인식하고 보다 높은 수준의 삶을 살도록 노력한다. 위계질서를 중요시하던 구세대와는 달리 오늘날과 같은 글로벌 시대에는 인품도 리더의 중요한 가치로 인식되고 있기 때문이다.

미국의 아이젠하워 대통령이 어느 해 댈러스 국무장관과 함께 프랑스 파리를 방문했다. 파리의 미국대사관에 머물게 되었는데, 댈러스 국무장관의 경호원이 장관을 만나러 방에 들어갔다가 뜻밖에도 잠옷차림의 아이젠하워 대통령을 만났다. 그는 몹시 흥분한 목소리로 그에게 소리를 쳤다.

"도대체 이놈의 국무장관은 어디로 간 거야? 어디에 처박혀 있는 거야? 왜 안 보이지?"

경호원이 놀라 아무 말도 못하자 대통령이 다시 소리를 쳤다.

"제기랄, 댈러스 어디로 갔지? 내가 있을 때 사라지는 이유가 뭐야?"

경호원은 황급히 "댈러스 국무장관께서는 아마도 프랑스 외무장관을 만나러 가셨을 겁니다"라고 말했다. 아이젠하워 대통령은 정신에 이상이 있는 사람처럼 대사관 관서를 껑충껑충 뛰며 돌아다니더니 얼마 후에는 아무 말 없이 무엇을 생각하는 듯 그 자리에 동상처럼 우두커니 서서 아무 말도 하지 않았다. 그러고는 한참 동안 한 곳을 응시하더니 "아니, 내가 찾는 시바스리갈을 대사는 어디에 두고 다니는 거야?" 하고 중얼거리듯이 말하는 것이었다. 그때부터 그 경호원은 아무리 높은 자리에 있는 인물이라고 해도 존경하지 않게 되었다고 한다.

위계질서를 중요시하던 구 시대에는 리더의 인품보다 능력과 지위를 우선시하여 인품에 상관없이 고위직에 있는 리더를 존경했으며, 그러한 사람의 영향력도 매우 컸다. 그러나 글로벌 시대에는 도덕적인 면에서도 뛰어남을 보여야 리더로서 위치를 굳건히 하고 영향력을 발휘할 수 있다.

03

책임을 분담하고
공과도 함께한다

오늘날의 뉴 CEO들은 기업 내의 모든 일이나 문제를
자기 혼자 해결하려고 하지 않고 능력에 따라 분담시키고
그 일에 대하여 책임을 지도록 한다.

세계적으로 리더의 모델로 평가받는 미국의 존 F. 케네디와 영국의 윈스턴 처칠은 어떤 문제가 생기면 자신이 책임지겠다고 말하곤 했다. 우리나라의 야구감독 SK 김성근 감독도 팀이 패배하면 "모두가 감독인 나의 책임이다"라고 말한다. 오늘날의 뉴리더들은 무조건 "나를 따르라"고 한 나폴레옹과는 달리 자신이 책임을 지면서도 문제를 함께 나눈다. 그런데 이런 리더십은 쉬운 것이 아니다. 리더들이 감당할 수 있을 때만이 가능한 것이다.

과거의 리더들은 자신이 직접 통솔하고 결정을 내렸다. 그리하여 부하들에게 무조건 복종을 강요했다. 그렇게 해서 실패했을 경우에는 자신이 홀로 모든 책임을 지고 떠나야만 했다. 그렇기에 영웅과

리더들은 고독하고 외로울 수밖에 없었다. 영웅들은 모든 결정을 혼자 내리며 참모들과 대화를 나누는 일이 거의 없었다. 그들은 이렇게 생각했다.

"이것은 나의 운명이다. 내가 해야 할 일이고, 누가 나를 대신하여 해주겠는가. 내가 혼자서 짊어지면 된다!"

그들은 후계자조차 준비하지 못하고 여생을 마감했다. 혼자서 해결하려다가 쓰러지고 말았다. 역사 속으로 사라지고 만 것이다. 그러나 현재의 뉴리더는 책임을 지되 혼자 지지 않고 그 책임을 분담시킨다. 그들은 부하나 참모들과 많은 대화를 나눈다. 오늘날의 뉴 CEO들은 기업 내의 모든 일이나 문제를 자기 혼자 해결하려고 하지 않고 능력에 따라 분담시키고 그 일에 대하여 책임을 지도록 한다. 그리고 성과가 있을 때는 그에 대한 보상도 하며, 실패했을 경우 그 평가가 공정하게 공개적으로 이루어지도록 한다.

강함을 이기는 부드러움이 있다

글로벌 시대 뉴리더의 가장 중요한 역할은
부드럽고 유연한 분위기를 만드는 것이다. 열정을 불어넣고
신명나게 일할 수 있도록 게임을 잘 이끄는 것이다.

♕　　　　**진정으로 강한 사람은** 겉으로는 부
드럽게 보인다. 자신이 강하다는 것을 겉으로 드러낼 필요성을 느끼
지 못하기 때문이다. 약한 사람일수록 강한 척하는 경우가 많다.

조직도 마찬가지다. 정말 강한 조직은 유연하고 부드럽다. 딱딱하
고 권위적인 조직일수록 유연성이 부족하다. 늘 규정을 부르짖고 관
례대로 움직인다. 왜 그 일을 해야 하는지 근본적인 질문을 하지 않
는다. 이런 조직은 당연히 과거에 발목이 잡혀 미래를 생각하지
못한다.

조직을 부드럽게 하기 위해서는 리더의 역할이 중요하다. 조직의
문화와 분위기를 만드는 것은 리더이기 때문이다. 모그룹의 관리자

들은 대부분 무겁고 어두워 보인다. 물론 업종이 건설업이고 관리자들이 거의가 중년에 이르렀기 때문이라고 말할 수도 있다. 그들은 어딘가 모르게 자신감이 없어 보이며 주눅이 들어 있는 것 같다. 그런데 그들은 이구동성으로 그 원인을 기업의 오너에게 돌린다.

"우리 회장님은 카리스마가 너무 강하다. 조금만 잘못해도 불호령을 내리고 눈을 부라린다. 그러니까 회의 때 나서서 말하는 사람이 없다."

그런데 그 리더도 그것을 인정하고 있었다. 예전 중소기업을 운영할 때와는 달리 대기업의 위치에 오른 현실에서는 그런 방법이 통하지 않는다는 것을 리더 자신도 알고 있음에도 불구하고 고치고 변화하기가 쉽지 않다고 말한다.

게임메이커인 리더

오늘날 제대로 된 뉴리더는 자신이 모든 것을 이끈다고 생각하지 않는다. 리더가 할 일은 구성원을 편안하게 해주는 것이다. 무슨 말이든 기탄없이 할 수 있는 분위기를 조성해야 한다. 앞 장에서도 언급한 것처럼 리더의 가장 중요한 역할은 일에 대한 열정을 불어넣는 것이다.

열정이 있는 조직은 시끄럽다. 회의시간에도 언제나 말을 하는 사람이 많고 눈치 보느라 입을 다무는 일은 없다. 자신의 아이디어를 말하고 이것이 받아들여진다고 생각하기에 열정이 샘솟는다.

GE코리아의 이채욱 회장은 인상이 부드럽고 권위주의, 엄격함, 딱딱함은 어디에서도 찾아볼 수 없다. 또 주변 사람들을 편하게 해 주려고 언제나 노력한다. 그는 자신의 저서 《100만 불짜리 열정》에 서 이렇게 말했다.

"리더는 게임메이커이다. 선수들이 잘할 수 있도록 분위기를 조성하 는 것이 리더의 역할이다. 그러기 위해서는 오픈 마인드를 해야 한다."

딱딱한 땅에는 아무리 좋은 씨앗을 뿌려도 열매를 맺을 수가 없 다. 딱딱한 땅을 파서 부드럽게 만든 다음 씨를 뿌려야 열매를 맺고 성과를 얻을 수 있다. 사람도 마찬가지다. 딱딱하고 엄숙한 일인독 재 체제에서는 아무도 자신의 생각을 드러내지 않는다. 진실은 실종 되고 아부와 왜곡만이 판을 친다. 솔직함은 없어지고 리더의 입에 맞춘 입에 발린 소리만이 들린다.

글로벌 시대 뉴리더의 가장 중요한 역할은 부드럽고 유연한 분위 기를 만드는 것이다. 열정을 불어넣고 신명나게 일할 수 있도록 게 임을 잘 이끄는 것이다. 그럼으로써 놀라운 변화가 일어난다.

05

위기를
오픈한다

가장 중요한 것은
뉴리더들은 커뮤니케이션의 전략이 서 있다는 점이다.

조직, 특히 회사를 운영하다 보면 예상치 못한 일들이 발생하게 된다. 이때 리더의 능력, 특히 커뮤니케이션의 능력에 따라 결과는 크게 달라진다. 여기서 말하는 커뮤니케이션에는 두 가지가 있다. 하나는 외부와의 커뮤니케이션이고 또 하나는 내부에서의 커뮤니케이션이다. 이런 문제를 제대로 해결하지 못하면 그 조직이나 기업은 악성 루머에 시달리게 되고 마침내 예기치 못한 길로 나가게 된다.

글로벌 시대에 뉴리더들은 이에 대한 명확한 개념을 갖고 있어야 한다. 그러기 위해서는 우선 커뮤니케이션을 담당하는 부서를 두는데, 홍보부에서 이를 취급하기도 하고 별도의 부서를 두는 경우도 있다.

가장 중요한 것은 뉴리더들은 커뮤니케이션의 전략이 서 있다는 점이다. 여기에 가장 좋은 사례가 되는 '위기 시 레이건의 대처 전략'에 대해 살펴보자.

- ✚ 항상 예방하여 미리 전략을 세운다.
- ✚ 방어보다는 공격적으로 나아간다. 문제가 터지기 전에 알리고 싶은 것을 미리 알린다.
- ✚ 정보의 흐름을 컨트롤한다. 알릴 것은 알리고 숨길 것은 숨긴다는 전략이다.
- ✚ 홍보의 창구를 일원화하여 복잡한 문제를 일으키지 않는다.
- ✚ 말하고 싶은 이슈를 중심으로 말한다.
- ✚ 메시지를 일관성 있게 전달한다.
- ✚ 같은 메시지를 여러 번 반복한다.

위기 상황에서 리더가 어떻게 대처하는가에 조직의 사활이 달려 있다. 위기에 빠졌던 기업을 살린 뉴리더의 한 예로 제일모직을 일으켜 세운 안복현 삼성 PB 사장을 들 수 있다. 안복현 사장은 위기를 감지하는 것이 무엇보다도 중요하다고 말한다. 그는 다음으로 직원들의 사기를 높이는 것이 필요하다고 한다. 그의 말을 요약해보자.

"구조조정을 앞둔 회사는 분위기가 나쁘기 마련이므로 직원들의 사기를 높이는 것이 급선무이다. 에너지 레벨을 올려 신나게 일을 할 수 있는 분위기를 만들어야 한다."

그런 방법의 하나로 그는 편지를 통한 커뮤니케이션을 택했는데, 매주 열 장씩 편지를 써서 직원들에게 보냈다고 한다. 처음에는 반응이 없더니 나중에는 답신도 오고 새로운 제안도 받게 되었다. 그것을 통해서 그는 조직에 피가 통하는 것을 느꼈다고 한다. 그리고 구조조정을 시작했다. 장사를 못하는 분야나 앞으로 전망이 어두운 분야는 과감히 없앴다. 그다음으로 그가 한 일은 사업부장에게 기회를 주는 것이었다. 자신이 하는 사업이 계속돼야 하는 이유와 어떻게 사업을 할 것인가에 대해서 제출하라고 했다. 그 제출서를 보고 가장 가능성이 적은 사업부터 없앴다. 그리고 성장산업 분야에 남은 힘을 쏟았다. 그리하여 그는 마침내 제일모직을 다시 일으켜 세웠다.

위의 사례를 통해서 위기 상황에서 뉴리더들이 선택한 방법을 요약하면 다음과 같다.

+ 위기 상황을 오픈하여 모두 공감하게 만든다. 이를 위해서 투명하고 솔직한 커뮤니케이션을 한다.

+ 사기를 올린다. 사람이 어려우면 쪼그라들기 마련인데, 그러다 보면 개인도 조직도 위축되기 쉽다. 이때 조직의 분위기를 끌어올리는 것이 무엇보다 시급하다. 그 방법으로 도레이 새한의 이영관 사장은 청결과 정리정돈을 택했다.

+ 비전과 미션을 생각한다. 미래에 뭔가 잘될 것이라는 믿음이 있어야 용기도 생기고 일할 맛도 느낄 수 있기 때문이다.

+ '어젠다' 설정의 중요성을 깊이 인식한다. 그에 따라 개인이나 조직의 명운이 바뀌기 때문이다. 과거보다는 미래에 초점을 맞출 때 사람들의 에너지를 이끌 수 있다.

글로벌 시대 뉴리더의 가장 중요한 역할은 부드럽고 유연한 분위기를 만드는 것이다.

열정을 불어넣고 신명나게 일할 수 있도록 게임을 잘 이끄는 것이다

Part 06

스스로의 질문을 던져라

스스로 하고 신을 불러

질문 사고 혁신을 일으켜라

남과 다르게 생각하고
스스로 질문하여 새로운 답을 찾는다

01

남들과
다르게 생각하라

위기를 기회로 바꾸기 위해서는 남과 다른 생각이 필요하다.
골칫거리였던 웅진식품이 이렇게 성공하게 된 것은 모두
차별화된 생각, 차별화된 전략에서 나온 것이라고 그는 강조한다.

♔   일곱 명의 출판사로 시작해 30년 만
에 교육·출판, 환경·생활, 에너지·소재, 건설·레저, 식품, 서비
스·금융, 지주회사 등 8사업군 15개 계열사를 거느리게 된 웅진그
룹. 2009년 자산 기준으로 재계 33위에 오른 웅진그룹의 윤석금 회
장은 한마디로 남다른 사고를 통해서 성공을 이룬 입지전적 인물이
다. 그는 브리태니커 백과사전 세일즈맨으로 시작해서 재벌 총수가
되었다. 웅진그룹은 1970년 이후 창립돼 정부의 지원 없이 기업 내
부의 경쟁력을 바탕으로 성장한 2세대 재벌의 대표기업이다. 웅진
그룹의 이런 성취는 외국에서도 연구사례로 여겨지고 있는데, 미국
하버드대학 경영연구소에서는 웅진그룹의 경영혁신 사례를 케이스

스터디 소재로 삼기도 했다.

윤석금 회장은 어떻게 그런 성공을 이룰 수 있었을까? 여러 가지 요인이 있겠으나 무엇보다도 그의 혁신적인 사고를 들 수 있다. 즉 그는 남들과 다르게 생각했던 것이다. 그는 백과사전 세일즈맨을 할 때 남들이 노는 명절 때 책을 팔러 다녔다고 한다. 대부분의 세일즈맨은 명절에는 일하면 안 되는 것으로 생각한다. 가족과 쉬는 명절에 찾아가는 것은 실례가 된다는 게 한국 사회의 통념이었다. 윤석금 회장은 이 통념을 과감히 깨뜨린 것이다. 그는 명절 때 열심히 가정방문을 했다. 그는 그의 저서 《긍정이 걸작을 만든다》에서 당시 자신이 생각했던 것에 대해 이렇게 회상했다.

"오히려 명절에는 사람들이 약간 들뜨고 기분이 좋은 상태여서 평소보다 마음의 여유가 있다. 또 대부분 '명절인데도 저렇게 열심히 일을 하는구나. 참 대단하다'라고 생각하여 성사 확률이 높았다. 사람들이 건네는 인사도 하나같이 우호적이었다."

그의 혁신적인 사고는 그 후 회사의 위기 때마다 다시 발휘되었다.

윤석금 회장은 1988년에 웅진식품을 설립했다. 웅진식품은 처음에 '가을대추'로 반응이 좋았으나 점차 내리막으로 향하기 시작해 마침내 적자가 되자 어느 누구도 인수하려는 사람이 없었다. 이때 윤 회장은 과감하게도 37세밖에 안 되는 젊은 부장을 사장으로 임명했다. 그러자 나이 많은 직원들이 그만두겠다며 동요했다. 그는 지금 나가면 패잔병 소리를 들으니 회사를 살려놓고 나가라고 사원들을 달랬다.

얼마 후 그 젊은 사장은 '쌀뜨물처럼 보이는 뿌연 음료'를 사장실로 들고 왔다. 그것이 최초의 쌀로 된 음료수였다. 웅진식품은 이것을 '아침햇살'이라고 이름 붙이고 출시했다. 텔레비전 광고가 나간 뒤 아침햇살은 불티나게 팔렸다. 최초 출시 후 1년 동안 무려 1천 억 원어치가 팔려나갔고 웅진식품은 위기에서 벗어났다.

위기를 기회로 바꾸기 위해서는 남과 다른 생각이 필요하다. 골칫거리였던 웅진식품이 이렇게 성공하게 된 것은 모두 차별화된 생각, 차별화된 전략에서 나온 것이라고 그는 강조한다.

그리고 10년 후 윤석금 회장에게는 다시 위기가 찾아왔다. 웅진코웨이를 설립해 정수기를 판매하던 중 1998년 IMF 외환위기가 닥치자 또다시 시련이 왔다. 고가인 정수기의 매출이 서서히 떨어지더니 마침내 매출이 반 토막이 된 것이다. 그 책임을 지고 웅진코웨이 사장이 물러나자 윤석금 회장은 직접 회사를 맡았다. 그는 '어떻게 하면 회사를 다시 살려낼 수 있을까' 스스로 질문했다. 그러다 하나의 생각이 떠올랐다.

'그래, 정수기가 비싸니까 안 사는 거야. 그럼 빌려주자!'

그리하여 윤 회장은 국내 최초로 정수기 렌털제를 도입했다. '팔아야 한다'는 고정관념을 또다시 깨뜨린 것이다. 그렇게 남다르게 생각하고 실천한 덕분에 그는 회사를 다시 살릴 수 있었다.

남과 같이 생각하고 통념에 따라 행동한다면 크게 성공할 수 없다. 남보다 앞선 생각, 차별화된 전략만이 성공으로 이끈다는 것은 윤석금 회장을 통해서도 알 수 있는 진리다.

02

스스로 질문하여 해답을 구하라

정말 열심히 일하는데 단 한 번도 제대로 된
성공을 경험한 적이 없다고 불평하는 사람의 문제는
노력이나 열정의 결핍이 아니라 질문의 결핍일 수 있다.

♕ **사는 건 참으로 복잡하다.** 이것저
것 신경 써야 할 것도 많고 돌발 변수도 많다. 하지만 사실 우리네
삶은 질문을 하고 답을 찾아 행동한 후 결과를 만드는 과정의 간단
한 반복일 뿐이다. 당신의 아침 시간을 생각해보라. 눈을 뜨면 가장
먼저 무엇을 하는가? 바로 세수를 하러 욕실로 들어가는가? 다이어
리를 보며 하루 일정을 체크하는가? 아니, 절대 그렇게 하지 않을
것이다. 욕실에 가거나 다이어리를 펼치기 전에 반드시 거치는 것이
하나 있다. 그건 바로 '지금 일어날까, 조금 더 누워 있다가 일어날
까?', '먼저 씻을까, 밥을 먹고 나서 씻을까?' 등의 기본적인 질문들
이다. 질문이 있어야 행동이 뒤따른다. 이러한 기본적인 질문을 하

지 않고는 욕실에 들어가는 것도 다이어리를 펼치는 일도 할 수 없다.

질문은 여기서 멈추지 않는다. 직장에 출근해서도 '오늘 가장 먼저 처리해야 할 일은 뭐지?', '점심을 나가서 먹을까, 안에서 대충 김밥으로 때울까?', '퇴근 후에 약속한 동기들과의 모임에 갈까 말까?' 등과 같은 질문을 통해 자신의 행동을 결정한다. 매번 인식하긴 힘들겠지만 우리의 삶은 온갖 질문으로 가득 차 있고, 그 질문이 우리의 하루를 움직인다. 삶을 좌지우지할 수 있는 그런 질문들에 대하여 제대로 알고 대처하고 있는지 답하기 전에 일단 이 문장을 명심해야 한다.

"자기 자신에게 묻는 질문의 중요성을 깨달아라."

정말 열심히 일하는데 단 한 번도 제대로 된 성공을 경험한 적이 없다고 불평하는 사람의 문제는 노력이나 열정의 결핍이 아니라 질문의 결핍일 수 있다. 자기 자신도 모르게 습관적으로 하는 이런 질문들에 대해서 생각해본 적이 있는가? 생각해보지 않았다면 지금 상당히 위험한 상황이라고 볼 수 있다. 습관은 어지간해서는 고칠 수가 없다. 따라서 습관적으로 하는 질문이 행동을 평생 제어할 가능성이 높다.

성공한 사람들에게는 성공을 부르는 자신만의 질문이 있지만 실패한 사람들에게는 실패로 이끈 질문만 존재한다. 만일 오늘 잘못된 질문을 한다면 내일 어떤 결과물이 나올까? 내비게이션에서 목적지를 검색했는데 제대로 목적지를 입력하지 않는 바람에 엉뚱하게 한강으로 돌진하라고 한다면 내비게이션의 지시를 따를 것인가? 생각만 해도 아찔하다. 삶이 처음 생각대로 진행되지 못하는 이유는 그렇게 될 수밖에 없는 엉뚱한 질문을 했기 때문은 아닐까?

질문 속에 해답이 있다. 하루에도 수십 번씩 의식하지 않고 남발하는 그 질문들 속에 답이 있다. 사람은 누구나 성공할 수 있는 힘을 지니고 태어나지만 대부분의 사람이 성공할 수 있는 그 힘을 깨우치지 못하는 가장 큰 이유는 자신의 힘을 발휘할 수 없게 만드는 질문을 하기 때문이다.

뭘 해도 잘되는 사람과 아무리 해도 안 되는 사람의 가장 큰 차이점은 질문하는 방식에 있다. 그것은 아주 사소한 차이지만 그 사소한 차이가 만드는 결과는 매우 거대하다. 때문에 질문은 우리 인생에서 아주 중요한 문제가 된다. 여기서 우리는 '혼을 움직이는 리더는 항상 자신이 원하는 결과를 얻기 위해 질문을 한다'는 사실에 주목해야만 한다.

혼을 움직이는 리더는 자신의 성장을 돕는 독특한 질문 기술이 있다. 그래서 그들의 삶을 들여다보면 다른 사람의 인생에서는 찾아볼 수 없는 특별한 무엇을 발견할 수 있다.

만약 지금 자신의 삶이 뜻대로 되지 않는다거나, 이젠 좀 다른 인생을 살고 싶다고 생각한다면 가장 먼저 습관적으로 하는 자신의 질문을 분석하고 바꿔보는 것이다. 운명을 바꾸는 첫 단추는 질문을 바꾸는 것이다. 성공한 리더들의 삶을 통해 그들의 질문을 발견해내고, 그 질문으로 자신 안에 숨은 위대한 능력을 끌어내야 한다. 그리고 다시 한 번 무너진 자신을 일으켜 세우는 계기로 삼아야 한다.

03

세상을
바꾸는 질문

답은 자동차가 사치품이라는 고정관념을 깨고
일반 대중 속에서 고객을 찾은 그의 선택에 있었다.

♔ 　　세기가 시작되자마자 쏟아져 나온
다양한 발명품들은 우리의 삶을 놀라울 정도로 풍족하게 만들어주
었다. 영국 일간지 《인디펜던트》는 '세계를 바꾼 101가지 발명품'을
선정해 발표했다. 206만 년 전에 발명된 도구로부터 오늘날 발명된
것까지 역사 속에서 인류의 삶을 바꾼 다양한 물건들을 선정한 것인
데 여기에는 지우개, 수세식 변기, 주전자, 칫솔, 신용카드처럼 일상
생활에서 흔히 쓰는 것도 많이 포함되어 있다. 기원전의 발명품도
아홉 개가 선정됐지만 가장 많은 발명품이 나온 시기는 역시 20세기
이후이다. 필수품처럼 되어버린 휴대전화나 컴퓨터, 텔레비전 등 신
문이 선정한 101가지 발명품 중 47가지가 20세기 이후에 발명된 것

들이니 20세기를 지나면서 인류가 얼마나 많은 발전을 했는지 짐작이 간다.

그 중에서도 획기적이라고 할 만큼 대단한 발명품은 바로 미국과 유럽을 중심으로 발달한 자동차 제조업이라는 종합 기계 산업이다. 20세기가 시작되면서 지금까지도 그 이름을 세계에 떨치고 있는 시트로앵, 벤츠, 르노, 포드, 푸조, 롤스로이스와 같은 세계적인 자동차들. 이들은 저마다 자사 자동차의 성능을 뽐내기 위해 세계 일주를 하기도 하고 각종 자동차 경주대회에도 나가 경쟁을 벌이며 더 좋은 차를 만드는 데 힘을 아끼지 않았다. 그 결과 자동차 산업은 꾸준히 발전해나갔다. 그러나 그 이면엔 아쉬움도 있었다. 자동차 산업이 발전해가는 것은 축하할 일이었지만 그 발전을 많은 사람이 누리기엔 자동차의 가격이 너무나 비싸 일반 대중들이 닿을 수 없는 거리에 있었던 것이다. 나는 여기에서 자동차의 발전만큼이나 의미 있는 업적을 이루어낸 한 인물을 소개하려 한다. 그는 자동차를 타고 싶다는 많은 보통 사람들의 꿈을 이루어준 헨리 포드, 바로 포드 자동차의 설립자다.

앞서 말했지만 기술이 발전하면서 계속하여 더 좋은 성능의 자동차들이 등장했다. 자동차의 인기는 점점 치솟으며 자동차에 관심이 없던 사람들까지 자동차를 갖고 싶어하게끔 만들었다. 하지만 당시 자동차는 아무나 탈 수 없는 비싼 가격이어서 대중들은 그런 바람을 이룰 수가 없었다. 자동차 왕 헨리 포드는 자동차를 가지고 싶어하는 대중들의 수요를 인식하고는 고민에 빠졌다. 그리고 스스로에게 이런 질문을 던졌다.

세상을 바꾼 하나의 질문

"어떻게 하면 좀 더 많은 사람이 자동차를 가질 수 있을까?"

도시의 봉급생활자라면 누구나 무리 없이 차를 구입할 수 있을 만큼 저렴한 자동차를 만들어야 했다. 결국 답은 대량생산을 통해 가격을 내리는 방법뿐이었다. 하지만 '더 많은 사람이 자동차를 타게 만들고 싶다'는 포드의 생각은 그 당시 많은 경쟁 자동차업체에게 무시당했다. 그들은 한목소리로 포드에게 말했다. "망하려면 무슨 짓을 못 해!" 그들은 대중을 위한 자동차를 만들고 싶어하는 포드의 의지를 꺾어놓았다. 그들은 자동차는 누구나 가질 수 없는 사치품이며 소수의 부유층만이 가질 수 있는 물건이라고 생각했다. 하지만 포드는 보기 좋게 자신의 목적을 이루어냈다.

그는 어떻게 모두의 예상을 뒤엎고 성공할 수 있었을까? 답은 자동차가 사치품이라는 고정관념을 깨고 일반 대중 속에서 고객을 찾은 그의 선택에 있었다. 포드 역시 남과 다르게 생각했던 것이다. 좀 더 깊숙이 들어가면 그 선택을 올바른 방향으로 움직인 그의 질문에 있었다.

더 많은 사람에게 자동차를 탈 수 있는 기회를 주고 싶었던 그의 생각은 기존의 자동차 제조공정을 획기적으로 바꾸어놓았다. 보통 그 시절 자동차는 복잡한 구조 때문에 기술자들도 수리하기 힘들었다. 하지만 포드는 일반인들도 자동차를 탈 수 있게 하기 위해 '복잡해서는 안 된다', '기술이 없는 일반인도 기본적인 정비는 가능해야 한다'는 마인드로 자동차를 만들었다.

그래서 포드는 업계 처음으로 대량생산 방식을 도입하여 서민용 자동차인 포드T형을 만들었다. 이로써 많은 사람들이 자동차를 소유하고 싶은 꿈을 이룰 수 있게 된 것이다. 당시 다른 자동차들의 가격이 1,000달러 정도였는데 포드T형은 440달러였으니 엄청나게 저렴한 가격에 판매된 셈이다. 더 중요한 것은 자동차의 성능은 그대로 유지하면서도 가격을 내렸다는 것이다. 덕분에 포드T형은 1914년부터 1927년까지 무려 1500만 대가 생산되었다. 포드는 기업가로서 시장을 독점한 자동차 왕이 된 것과 동시에 자동차를 가지고 싶었던 1500만 명의 꿈도 이루어준 셈이다. 그 후 자동차는 중산층의 대두와 대량생산으로 보통 사람들의 필수품이 되었고, 거대한 미국 경제력의 밑받침이 되었다.

세상을 바꾼 하나의 질문이 만들어낸 포드T형 자동차 덕분에 미국의 자동차 산업은 더욱 발전하기 시작했다. 그 여파는 미국을 넘어 전 세계로 퍼져 나갔고, 곧이어 세계는 마이카 시대에 접어들었다. 결국 마이카 시대를 부른 결정적인 인물은 포드인 셈이다.

하지만 포드는 자동차 기술에 관한 한 최초로 발명한 것은 하나도 없다. 그는 자동차도, 컨베이어 벨트도, 과학적 관리기법도 최초로 만든 사람이 아니다. 그가 최초로 시도한 것이 하나 있다면 그것은 바로 '모든 사람이 자동차를 타게 만들고 싶다'라는 의식의 전환이었다. 이 최초의 희망사항이 이미 존재하는 기술과 기법을 하나로 묶어 세상을 바꿀 기적을 만들어낸 것이다. '어떻게 하면 좀 더 많은 사람들이 자동차를 타게 만들 수 있을까?'라는 작은 질문 하나가 만든 거대한 결과인 것이다. 그의 업적은 20세기 말 컴퓨터의 대중화와 비교될 정도로 엄청난 역사로 기억되고 있다. 질문 하나가 세상을 바꾼 셈이다.

04

유비무환 정신으로
준비하는 리더

그는 자신이 부족하다는 생각이 들면 끊임없는 질문으로
자신을 채찍질했다고 한다. "나는 지금 진심으로 최선을 다하여 노력하고 있는가?"

♛　　　미래를 준비하는 리더십은 유비
무환(有備無患)의 정신으로 미래에 닥칠지도 모르는 바람직하지 못
한 상황을 대비하는 리더십이다. 이런 리더들은 실수를 하지 않으려
고 노력하며, 직원들에게도 그런 정신을 강조한다.

준비하는 리더의 특징은 항상 미래에 대해서 걱정하고 유비무환
의 정신으로 대비한다는 것이다. 이런 유형의 리더들의 또 하나의
특징은 부하직원들과도 동등한 입장에서 의견수렴을 하면서 더불어
땀을 흘리며 미래를 대비한다는 점이다.

끊임없이 문제의식을 중시하는 리더

여러 분야에서 최고의 활동을 벌이는 사람이 한 명 있다. 처음에는 서울대 의대를 졸업한 촉망받는 의학도로 활동하다가, 그 후에는 보안 전문 벤처기업인 안철수 연구소의 최고경영자로 활동했다. 그 후 어느 날 갑자기 모든 것을 버리고 아무도 모르게 미국으로 사라져 3년간 미국 유학을 마치고 돌아왔다. 그리고 이제는 KAIST의 석좌교수로 모습을 드러냈다. 보통 사람이라면 적어도 세 번 정도는 태어나야 이룰 수 있는 것을 겨우 반평생 동안 그것도 완벽하게 다 이루어낸 그의 이름은 안철수다.

안철수 교수는 의사에서 벤처기업인, 교수로 끊임없이 변신해온 데 있어서 '그 일 자체가 의미가 있는 일인지, 또 재미와 보람을 느낄 수 있는 일인지, 무엇보다도 내가 잘할 수 있는 일인지'를 생각하면서 일을 선택했다고 한다. 그렇다면 안철수를 만든 질문은 '내가 가장 잘할 수 있는 일들은 무엇인가'였을까? 그보다 더 깊은 질문이 있을 것이다. 좀 더 자세히 그에 대해서 알아보기로 하자.

안철수 교수는 의사인 아버지 밑에서 자라면서 자신 또한 나이가 들면 아버지처럼 의사로 살아가리라 생각했다고 한다. 그런데 매 순간 최선을 다하면서 열심히 살다 보니 오히려 의사를 그만두게 되는 순간이 오더라는 것이다.

CEO를 그만둘 때도 마찬가지였다. 경영 성과도 좋았고 미래도 밝은 CEO 자리를 스스로 사임하고 적지 않은 나이에 미국에서 공부하고 돌아와 이제는 한국의 과학 인재를 육성하는 교수가 되었다. 아무도 그가 지금의 길을 걷게 될지 몰랐다. 그리고 교수를 그만둔 다음에는 또 어떤 일을 할지 아무도 모른다. 다만 분명한 것은 그가 어떤 일을 하든지 매 순간 최선을 다할 것이라는 사실이다. 나는 이 부분에서 안철수를 만든 질문의 작은 실마리를 찾아낼 수 있었다.

그 실마리는 그의 군 입대 시절 이야기를 들으며 확실하게 굳어졌다. 입대 당일 새벽까지 그는 밤샘 작업으로 백신 V3의 최초 버전을 탄생시켰다. 다른 학생들 같으면 입대 몇 달 전부터 술을 마시거나 여행을 다니면서 남은 자유 시간을 만끽했을 텐데 그는 전혀 그러지 않았다. 아니, 아예 그런 생각이 처음부터 그의 머릿속엔 없었다고 보는 게 맞을 것이다.

그는 완성한 백신을 재빨리 PC 통신으로 전송한 후에 입영열차를 타고 군의학교로 가 입대했다. 그런데 놀라운 것은 백신을 만드는 데 너무 열중한 나머지 정작 가족들에게조차 말을 안 하고 입대한 것이었다. 여기서 천재가 아닌, 철저하게 몰입하고 노력하는 그의 기질을 엿볼 수 있다.

안철수에게 비교 대상은 다른 사람이 아닌 '과거의 나'와 '현재의 나'이다. 따라서 그는 자신이 부족하다는 생각이 들면 끊임없는 질문으로 자신을 채찍질했다고 한다.

"나는 지금 진심으로 최선을 다하여 노력하고 있는가?"

이렇게 질문하며 남들보다 두 배, 세 배 더 노력하며 일을 해결하기 위해 애썼다. 덕분에 그는 해결해야 할 어떤 문제에 부딪히면 빨리 끝낼 생각을 하는 게 아니라 남보다 두세 곱절로 시간을 투자할 각오를 하며 최선의 노력을 다짐할 수 있었다.

안철수는 그것이야말로 평범한 두뇌를 가진 자신이 할 수 있는 유일한 방법이라고 믿었다. 안철수는 서른 살의 나이로 유학을 갔을 때도 최선을 다해 노력했다. 졸업할 무렵에야 펜실베이니아의 명물인 단풍의 아름다움을 알았을 정도로 한번 빠지면 주변의 그 어떤 것도 안 보일 정도로 몰입하는 스타일이며, 그만큼 남들보다 몇 배의 노력을 쏟아 부었다. 그의 삶이 천재가 아닌 최선을 다하는 노력가의 평범한 한 인간의 산물임을 증명하는 사례다.

안철수연구소 전 소장 안철수 씨는 스스로 활자 왕이라고 말했다. 일곱 살 때부터 닥치는 대로 책을 읽었다고 한다. 그는 자신이 CEO로서 부족하다고 느낀 점을 모두 책을 읽어서 보충했다. 그는 경영에 관한 서적을 한 달에 4~5권을 읽음으로써 CEO에 대해 직접 경험 대신에 간접 경험을 한 것이다.

그는 경영에 대해서뿐만 아니라 바둑도 서점에 가서 책으로 배웠다고 한다. 그렇게 바둑에 대한 책을 무려 50권이나 읽은 다음에 바둑알을 잡았다. 그렇게 배운 바둑 실력도 한 판 두 판 두다 보니 3년 만에 아마추어 3단 수준까지 올라가게 되었던 것이다.

컴퓨터 백신 업계의 선구자인 안철수의 리더십은 한마디로 PC의 건강을 담당하는 의사답게 '문제 인식'과 '성실한 자세'로 대변할 수 있다. 그는 리더로서의 신뢰, 겸손, 도덕성에 있어서는 거의 완벽하다고 할 수 있다. 그가 왜 디지털 시대에 차세대 리더로서 주목을 끄

느지 그의 인품이 잘 말해주고 있다. 안철수 사장은 리더로서 여러 면에서 모범이 되지만 특히 성실한 자세로 항상 새로운 것에 도전하는 점이 어떤 것보다 눈에 띄는 특징이다. 그는 자타가 인정하는 백신 부분 최고 전문가이며, 벤처기업을 운영하면서 구성원들과 동등한 위치에서 어깨를 나란히 하는 성실한 자세로 새로운 것에 도전해 왔다. 또 그런 리더로서 만족하지 않고 큰 그림을 그리고 있다는 점에서 많은 사람들로부터 더욱 존경받는 리더가 되었는지도 모른다. 그는 성실하게 일하는 리더일 뿐만 아니라 치밀하게 내일을 준비하는 리더인 셈이다.

05

오늘보다 아름다운
내일을 만드는 '매일 질문'

질문이 시작되자 이제 무슨 일을 해도 그는 두렵지 않았다. 아무리 힘들어도
이를 악물고 하루하루 최선을 다해 매달렸다. 그가 최선을 다할 수 있었던 것은
질문을 통해 늘 자신의 어제를 반성하며 더 나은 오늘을 만들고자 하는
그의 노력 때문이었다.

♔   기업에서 평사원으로 시작해
사장의 자리까지 가는 것은 거의 불가능에 가까울 정도로 어려운 일
이다. 더욱이 그게 대기업이라면 경쟁률은 천 대 일이 훨씬 넘을 정
도로 가능성이 희박한 일이다. 하지만 그 희박한 가능성을 현실로
만들어내고, 사장이 된 후에 훌륭한 성과까지 일군 인물이 있다. 바
로 인텔을 세계 최고의 회사로 만들어낸 앤드루 그로브다. 그는 그
저 일개 연구원으로서 실력을 인정받아 경영진에 참여하였고, 점차
능력을 드러내며 최고 경영자가 된 후 그만의 강력한 리더십으로 인
텔을 최고의 위치로 올려놓았다.

앤드루 그로브는 1936년 9월 2일 헝가리 부다페스트에서 태어났

다. 유대인인 그는 어린 시절 독일의 홀로코스트(제2차 세계대전 때 일어난 나치스에 의한 유대인 대학살)를 피해 가짜 신분증명서를 만들어 가까스로 목숨을 건질 수 있었다. 제2차 세계대전이 끝난 후에는 소련군의 압제에서 벗어나기 위해 1957년 미국으로 망명해야 했다. 좀 더 자유로운 생활을 위해 미국으로 갔지만 생활은 나아지지 않았다. 그는 전쟁 포로를 가두는 뉴저지의 킬머 수용소에서 잠시 지내다가, 단돈 20달러를 쥐고 수용소에서 나왔다. 그리고 숙부의 아파트에 얹혀살면서 그가 진정으로 하고 싶었던 공부를 시작했다.

하지만 숙부의 형편도 좋지만은 않았기에 전 재산 20달러를 가지고 그저 편하게 학교만 다닐 수 있는 상황은 아니었다. 그래서 그는 닥치는 대로 일했다. 하지만 아무리 피곤하고 지쳐도 밤에는 공부하는 것을 잊지 않았다. 낮에는 일하고 밤에는 공부하는 생활이 반복되자 가끔은 피곤함을 견디지 못해 접시를 깨뜨리기도 하고 주인에게 혼나기도 했지만 그는 결코 무너지지 않았다. 오히려 그런 생사의 갈림길에서 그를 살릴 질문을 만들어냈다.

그 당시 내일이 존재하지 않았던 앤드루 그로브의 상황이 만들어낸 가장 현실적인 질문이었다. 그에겐 어제의 생존이 오늘의 생존을 그리고 내일의 생존을 보장해주는 것이 아니었다. 오늘 먹을 게 있다고 내일 먹을 걱정을 하지 않을 수 없었다. 오늘보다 내일 더 성장하지 못하면 언제 사라지게 될지 알 수 없는 노릇이었다. 그래서 앤드루 그로브는 끊임없이 자신의 모습을 의심해가며 더욱 나은 자신을 만들기 위해 계속 질문을 던지며 지속적으로 성장했다.

"지금 내 모습은 어제보다 발전한 것인가? 혹시 고칠 것은 없는가?"

질문이 시작되자 이제 무슨 일을 해도 그는 두렵지 않았다. 아무리 힘들어도 이를 악물고 하루하루 최선을 다해 매달렸다. 그가 최선을 다할 수 있었던 것은 질문을 통해 늘 자신의 어제를 반성하며 더 나은 오늘을 만들고자 하는 그의 노력 때문이었다.

그의 질문은 인텔 회장이 된 후에도 힘을 발휘했다. 1980년대 중반 인텔이 경쟁사들과 가격경쟁에서 밀려 심각한 위기에 빠졌을 때였다. 회사는 어려웠지만 인텔 직원들의 콧대는 여전히 높았다. 메모리 반도체는 사실상 인텔이 개발해서 만든 시장이었기 때문에 자신들이 뒤처진 상황을 인정하지 않았다. 자신들이 만든 시장에서 경쟁자들에게 뒤처졌음을 인정하고 철수하는 것은 자존심이 상하는 일이었기 때문이다. 그래서 인텔의 모든 임직원은 반도체 사업 철수를 반대했다. 그건 그들의 자존심과도 같았다. 하지만 이때 그는 또한 번 자신을 키운 질문을 던졌다.

"지금 인텔의 모습은 어제보다 발전한 것인가? 혹시 고칠 것은 없는가?"

그러자 모든 게 선명해졌다. 그 역시 임직원들의 이야기에 빠져 과거의 성공에 잠시 도취되어 있었으나 자신의 질문으로 시장을 객관적으로 바라볼 수 있었다. 그 후 아무리 계산해도 메모리 반도체 분야에서 인텔은 승산이 없다는 결론을 내렸다. 다른 건 아무것도 필요하지 않았다. 어제의 데이터가 해답을 말해주고 있었다. 결국 인텔은 과감하게 업종을 바꿨다.

물론 그해에 이전에는 없던 엄청난 적자가 났고 8천 명의 직원을 떠나보내는 고통을 감수해야만 했다. 그러나 그 뒤 10년 동안 인텔은 흑자를 이어가면서 마이크로프로세서 분야의 일인자로 올라섰다. 마침내 앤드루 그로브의 질문 하나가 어제보다 발전한 오늘을, 오늘보다 발전한 내일을 인텔이라는 기업에 선사한 것이다. 이때의 경험을 그는 이렇게 말한다.

"오직 한 가지 일에만 몰두하는 편집광만이 살아남습니다. 기업 경영에서 자기만족은 가장 큰 적입니다. 편집광은 계속 의심하는 사람입니다."

결국 그는 매순간 자신의 위치를 의심하며 좀 더 나은 내일을 만들기 위해 노력했기 때문에 지금의 위치에 오를 수 있었던 것이다. 어제보다 아름다운 내일을 만들고 싶다는 그의 질문이 그를 위대하게 만들었다. 어릴 때부터 끊임없이 자신에게 던졌던 어제와 오늘을 돌아보는 미래형 질문으로 그는 조금씩 더 진화된 삶을 살 수 있었던 것이다. 더불어 그 질문으로 위기에 봉착했던 인텔을 다시 일으켜 세계적인 기업으로 만들어놓을 수 있었다.

06

스스로 질문을 통해
남다른 전략을 구하라

그는 월마트를 창업할 당시 스스로에게 한 가지 질문을
끊임없이 던졌다. 이는 훗날 월마트를 세계적으로 키우는
성공의 시발점이 된다.

"내가 낭비하는 한 시간은 내 남은 삶에서 나오는 것이다"라는 말을 신조 삼아 일생을 살았던 사람이 있다. 그는 미국에 본사를 둔 할인점 업체의 설립자로 《포춘》이 선정한 세계 500대 기업 중 1위를 차지한 위대한 기업을 만들고 키운 사람이다. 또 2003년에는 '세계에서 가장 존경받는 기업 1위'로 선정되어 유통업계 최초로 경영 실적과 윤리 경영 모두 세계에서 인정을 받게 되었다. 이 위대한 기업을 만든 사람은 바로 월마트 스토어 주식회사(Wal-Mart stores, Inc.)의 설립자인 샘 월턴이다.

그는 평생 시간을 낭비하지 않았고 성공에도 안주하지 않았다. 월턴은 무슨 일이 있어도 새벽 4시 10분이면 사무실에서 홀로 일을 시

작했다. 보통 사람들이라면 새벽 4시는 한참 자고 있을 시간이다. 그는 침대에 가만히 누워서 버리는 시간을 가장 싫어했다. 그만큼 낭비하지 않는 삶을 살았고, 하루 중 태양이 가장 뜨겁게 불타오르는 정오 무렵 테니스 치는 것을 좋아할 정도로 열정적이었다.

그는 월마트를 창업할 당시 스스로에게 한 가지 질문을 끊임없이 던졌다. 이는 훗날 월마트를 세계적으로 키우는 성공의 시발점이 된다.

"월마트가 낭비하는 1달러는 어디에서 나오는 것인가? 그리고 내가 낭비하는 시간은 누구에게서 나오는 것인가?"

이러한 질문을 통해 '같은 상품이라도 어떤 곳보다 싼 가격에 판매하겠다'는 월마트의 판매 전략을 세웠다. 샘 월턴은 '월마트에서 낭비하는 1달러는 결국 소비자의 주머니에서 나오는 것'이라는 사실을 잊지 않았다. 이는 월마트를 키운 결정적인 질문으로 작용하였다. 물론 지금은 저렴한 가격에 의한 대량 주문이 경제적이라는 사실을 모르는 사람이 없을 것이다. 하지만 당시만 해도 샘 월턴의 이런 유통 전략은 매우 파격적이었다.

대부분의 사업이 그렇듯이 어느 지역에서 어떤 사업이 잘된다고 하면 모든 가게가 하던 일을 그만두고 그쪽으로 방향을 튼다. 그때도 마찬가지였다. 그가 성공을 거두면서 교묘하게 그의 방식을 모방하는 상점들이 급증하기 시작했다. 설상가상으로 건물주가 그 자리를 자신의 아들에게 맡겨 장사할 속셈으로 임대계약을 연장해줄 수 없다고 통보해왔다. 하지만 그는 실망하거나 분노하지 않았다. 그에게는 원칙과도 같은 질문이 있었기 때문이다.

"월마트가 낭비하는 1달러는 어디에서 나오는 것인가? 내가 낭비하는 시간은 누구에게서 나오는 것인가?"

이 질문은 그를 끊임없이 움직이게 만들었고, 경쟁자를 걱정할 시간에 차라리 발전 방안을 모색하게 만들었다. 아직도 월마트가 운이 좋아 하룻밤 사이에 대성공을 거두었다고 생각하는 사람이 많다. 하지만 성공은 결코 하루아침에 이루어지지 않는다. 훌라후프가 유행하던 시기에 월턴이 어떻게 사업을 진행했는지 안다면 그의 행운에 대한 오해가 쉽게 풀릴 것이다.

훌라후프가 유행하자 월턴은 다른 업자와 절반씩 투자하여 훌라후프와 똑같은 크기의 호스를 만들 수 있는 기술을 가진 제조업자에게서 대량으로 호스를 공급받았다. 그리고 비좁은 다락방에서 직접 훌라후프를 만들었다. 스스로 재빨리 움직여 자신의 시간도 낭비하지 않고 고객이 지불해야 할 비용도 낭비하지 않도록 한 것이다. 결국 아칸소 북서부 지역 아이들 대부분이 월턴의 손을 거친 훌라후프를 하나씩 갖게 되었다. '고객이 지불해야 할 1달러를 아끼겠다'는 생각으로 가격경쟁력을 확보하기 위해 직접 제조하는 것도 마다하지 않았기에 가능한 일이었다. 그는 대단한 재능을 지닌 타고난 사업가는 아니었다. 그저 극히 단순한 자신의 질문을 철저히 지켜나갔을 뿐이다. 낭비하지 않는 열정적인 삶을 살며 고객을 위해 더 저렴하게 구입해 더 저렴하게 판매하는 것이 전부였다. 결국 그가 성공할 수 있었던 요인이 그때는 없었던 할인점 형태를 만든 획기적인 아이디어 하나뿐이었던 것은 아니다. 그의 성공은 시간과 돈을 낭비하지 않겠다는 자신의 신조를 현실로 옮기기 위해 가공할 만한 노력을 쏟아 부었기 때문에 그를 따라온 것이었다.

질문을 통해서 창조가 시작된다

모든 창조적인 일 뒤에는 예외 없이 질문이 있다.
질문을 통해서 갭을 인식하고 이로 인해 발견된 문제를
해결함으로써 창조는 이뤄진다.

👑 　　　**창조란** 두 가지 활동의 집합으로 나타난다. 하나는 문제 발견이고, 다른 하나는 문제 해결이다. 순서는 문제 발견이 먼저다. 그래서 문제의 발견은 창조에서 시발점이 된다. 그리하여 심리학에서는 문제 발견을 '상류에서 사고하는 것'이라 하고, 문제 해결은 '하류에서 사고하는 것'이라고 말한다.

그럼 훌륭한 리더는 어떻게 창조 경영을 하는가? 그들은 문제 해결의 상류에서부터 출발한다. 문제 발견은 차이를 인식하는 데서 시작된다. 즉 현재 상황과 바라는 것에 차이가 있음을 인식하는 것에서부터 비롯되는 것이다. 현재와 바라는 것 사이에 격차가 있음을 인식하는 것이 갭(gab) 인식이다. 품질에 문제가 있다고 생각하면 품질 갭을 인식하는 것이다. 새로운 기술이 등장하고 있음을 알았다면 신기술 갭을 느낀 것이다. 소비자의 취향이 바뀐 것을 알았다면 기회 갭을 느낀 것이다.

이 갭을 느끼게 하는 가장 기본적인 행동이 바로 질문이다. 모든 창조적인 일 뒤에는 예외 없이 질문이 있다. 질문을 통해서 갭을 인식하고 이로 인해 발견된 문제를 해결함으로써 창조는 이뤄진다.

창조 경영을 하려면 구성원들이 자유롭게 질문할 수 있는 환경을 만들어줘야 한다. 한국의 기업에서는 질문이 나오지 않는다. 질문은 상하좌우로 물 흐르듯이 이루어져야 한다. 여기서 좌우라는 것은 수평적인 질문이라는 뜻이다. 현상이나 대상에 대한 질문, 나와 옆 부서에 대한 질문, 고객에 대한 질문이 이에 해당된다. 상하 질문은 상사와 부하 사이의 수직적 질문이다. 한국 기업은 위에서 아래로의 질문은 상대적으로 열려 있지만, 아래에서 위로의 질문은 닫혀 있다. 상사는 부하에게 질문을 해도 부하는 상사에 대해 질문하지 못한다.

상하좌우로 흐르는 질문을 통해서 회사와 세상의 문제를 인식해내는 문화를 구축하는 것이 창조 경영을 시작하는 올바른 자세이다.

성공한 사람들에게는 성공을 부르는 자신만의 질문이 있지만
실패한 사람들에게는 실패로 이끈 질문만 존재한다.

Part 07

미 래 를
경 영 하 는
리 더 의
커 뮤 니 케 이 션

언어에 부하직원을
드라이브하게 하는 힘이 있다

01

말에
힘이있다

리더가 어떻게 커뮤니케이션을 하느냐에 따라 분위기도 달라지고
성과도 달라진다. 만족 또한 달라진다. 리더십의 핵심은
커뮤니케이션이다.

入을 여는 족족 조직에 분열을 가져오는
리더가 있다. 사람들은 그를 '오럴 해저드'라 부른다. 말이 앞서고
필요 없는 말, 안 해도 될 말을 하는 바람에 쓸 데 없는 오해가 생기기
때문이다.

한번은 술을 마시다 기분이 좋아진 모 사장이 월말에 보너스를 주
겠다고 큰소리를 쳤다. 그리고 나서는 금세 잊어버렸다. 하지만 직
원들은 생생히 기억하고 있었다. 월말이 되어도 보너스가 나오지 않
자 직원들은 웅성거리기 시작했다. 참다못한 직원 한 명이 사장에게
알렸고 미안해진 사장은 뒤늦게 보너스를 지급했다. 하지만 보너스
의 효과는 뚝 떨어졌다. 기쁘고 고마운 보너스여야 하건만 어차피

줄 것을 왜 늦게 주느냐고 오히려 원망만 들었다.

늘 말이 앞서는 리더는 그 때문에 적잖은 손해를 본다. 줄 것 다 주면서도 욕은 욕대로 먹는다. 입만 다물면 최고의 리더가 될 수도 있을 것 같은데 언제나 행동을 추월하는 입 때문에 그간의 공적을 다 까먹는다.

연구소장인 박 전무는 연구소 분위기가 너무 안 좋다는 직원의 말을 듣고 대책을 논의했다. 늘 해외출장이다 뭐다 해서 직원들을 챙기지 못하고 제대로 커뮤니케이션을 하지 않았기 때문이라고 자가 진단을 한 그는 젊은 직원 중 오피니언 리더들을 회의실로 불렀다. 그리고 무엇이 문제이고 불만인지를 물었다. 아무런 사전정보 없이 불려온 직원들은 그때부터 무엇이 불만인지를 생각하고 말하기 시작했다. 처음에는 별 뜻 없이 제기한 불만사항이었지만 말을 하면서 이내 가속이 붙기 시작했다. 옆 사람도 동료의 이야기를 들으면서 잊고 있던 불만을 새롭게 기억하고 확대 재생산했다. 불만이 또 다른 불만을 낳으면서 회의실은 연구소장 성토대회장으로 변해버리고 말았다. 나중에는 이렇게 불만이 많은 연구소에서 그동안 어떻게 일해 왔는지 모두 어안이 벙벙할 지경에까지 이르렀다. 박 전무는 뭔가 잘못되고 있다는 것을 느끼며 뒤늦게 수습에 나섰지만 그러기에는 너무 늦어버렸다.

이처럼 리더가 어떻게 커뮤니케이션을 하느냐에 따라 분위기도 달라지고 성과도 달라진다. 만족 또한 달라진다. 리더십의 핵심은 커뮤니케이션이다. 커뮤니케이션으로 리더십을 발휘한 대표 주자가 있다. 현재 프리 CEO 대표이자 LG그룹의 인사자문인 김영태 사장이 그 주인공이다. 그는 지금 LG CNS를 만들어 반석 위에 올려놓았다.

무엇보다 그는 강직성 척추염, 일명 대나무병(척추가 굳어지면서 허리가 굽는 병)을 극복하고 기업을 일으켜 사장까지 지낸 인간승리의 신화이다. 그의 성공에 가장 큰 역할을 한 것은 바로 커뮤니케이션이었다. 리더십은 바로 커뮤니케이션이라는 것이 그의 철학이다. 커뮤니케이션 없이 리더십의 발휘는 불가능하다. 아무리 좋은 아이디어와 철학이 있어도 커뮤니케이션이라는 통로가 막혀 있으면 아무 소용이 없다.

사람들은 좀처럼 진실을 이야기하려고 하지 않는다면 이것은 분명 어딘가에 문제가 있기 때문이다. 리더는 말할 분위기를 만들어 사람들이 터놓고 자유롭게 사실을 밝히고 의견을 교환할 수 있게 하는 데 정신을 집중해야 한다. 얼어붙은 분위기를 풀고 상대를 무장해제시켜야 한다.

국무회의를 보면 무엇이 연상되는가? 일방적인 지시나 훈계가 난무하고 상급자가 혼자서 북 치고 장구 치는 원맨쇼를 연상하게 된다. 이런 의사전달 체계를 가지고는 좋은 아이디어가 나올 수도 없고 질 높은 의사결정이 이루어질 리도 없다.

경청하라

　정보 과잉 시대에는 오히려 고객과의 접점에 있는 직원들이 고급 정보를 더 많이 갖게 된다. 이들의 정보와 지혜를 모으기 위해서는 쌍방향 커뮤니케이션이 필수적이다. 이를 위해서는 지시보다 질문이, 말하기보다 경청이 필요하다.

　NCAA(전 미국 대학농구 선수권대회)에서 여섯 번이나 우승을 차지한 팻 서밋 감독은 하프타임을 전략적으로 활용했다. 하프타임이 되면 일단 선수들끼리 게임에 대해 토의하고 반성하도록 하고 자신은 코치들과 전반전에 대한 의견을 나눈다. 게임에 대해 제일 많이 느끼고 할 말이 많은 사람은 바로 선수 자신들이라는 것을 잘 알았기 때문이다. 활발하게 의견을 나눈 다음에 모두 모여 다시 이야기를 나눈다. 감독은 무엇이 문제였다고 생각하는지, 그래서 대안은 무엇인지를 묻고 선수들의 이야기를 들은 후 자기 생각을 이야기함으로써 공감대가 형성된 전략을 도출한다.

　자기 생각과는 다르지만 감독이 하라고 해서 하는 것과 자신의 생각이 더해진 전략을 갖고 게임을 하는 것 중 어느 것이 더 큰 힘을 발휘할까? 커뮤니케이션이란 이런 것이다. 커뮤니케이션을 통해 선수들의 참여와 의지를 적극적으로 이끌어내는 것이다. 김영태 사장도 이와 비슷한 전략을 구사했다. 그는 기업의 성장을 방해하는 원흉으로 관료주의를 꼽는다.

　윗사람과 아랫사람이 따로 놀고, 회사의 이익보다는 부서 이기주의로 빠지고, 예전 방식을 고집하는 관료주의를 방지해야 경쟁에 이길 수 있다. 이를 위해 그는 미래 구상 위원회를 만들었다. 일명 청년 임원회이다. 입사 2, 3년차 직원을 열 명 정도 선발하여 회사의 미래에 대해 이슈별로 토론을 하고 고민하고 거기에 대해 조사도 하면서 공부를 하게 하는 것이다. 그 결과를 가지고 한 달에 한 번 사장, 임원과 같이 회의를 하는데 그 과정에서 회사의 문제점도 짚어내고 쓴소리도 주저없이 하게 했다. 그 중에는 회사의 방향과 정반대의 것도 있고 말이 안 되어 보이는 것도 있었다. 이 회의의 특징은, 사장은 절대 이야기를 해서는 안 된다는 것이다. 사장은 열심히 경청하고 기록할 수 있는 권한만 가진다. 끼어들고 싶고 해명하고 싶은 충동을 느끼더라도 참고 견뎌야 한다. 회의록을 만들어 전체가 공유하게 하고 그 중에 많은 것을 실제 행동으로 옮기자 조직이 살아 움직이기 시작했다. 회사의 미래에 직원들을 참여시킴으로써 같은 배를 타고 있다는 느낌을 불어넣은 것이다.

어젠다를 찾아내라

커뮤니케이션은 말을 많이 하는 것을 뜻하지 않는다. 말이 많다고 커뮤니케이션이 활발한 것은 아니다. 잘못된 이슈에 대해 말을 많이 하는 것은 조직을 소통 불능의 상태로 만든다. 회사의 미래에 대해 같이 걱정하고 대책을 논의하는 것은 바람직하지만 왜 이런 지경이 되었느냐, 네 잘못이냐 내 잘못이냐를 갖고 싸운다면 이것은 바람직한 커뮤니케이션이 아니다. 이보다는 어떤 어젠다에 대해 이야기를 하고 있는가가 더 중요하다. 리더는 어젠다를 찾아내고 여기에 구성원을 끌어들일 수 있어야 한다.

혼자만의 꿈은 단순한 꿈으로 그치지만, 여러 사람이 동시에 꾸는 꿈은 현실이 된다. 성공적인 조직은 늘 비전에 대해 이야기한다. 리더는 비전을 밝히고 직원도 자기 생각을 표현하고 방법을 고민하며, 이룬 후의 모습에 대해서도 함께 상상한다. 그것이 커뮤니케이션이다. 리더십은 커뮤니케이션이다.

02

마음으로
상대의 마음을 연다

많은 조직에서 커뮤니케이션 문제를 운운하지만
사실은 리더가 마음을 잘못 먹고 있기 때문에
문제가 발생하는 경우가 대부분이다.

♜   말은 생각을 비추는 거울이다.

식당에서 종업원에게 반말을 하는 사람들은 '내 덕분에 네가 먹고
산다'는 생각을 하고 있는 것이다. 고위 공무원, 대기업 간부 등 소위
힘 있는 '갑(甲)'의 생활을 오래 한 사람들은 눈빛, 걷는 모습, 말하
는 투가 다르다. 늘 자신에게 굽실거리는 '을(乙)'에 익숙하기 때문
이다. 그래서 권위적으로 말한다. 언제나 따지듯이 이야기함으로써
상대를 주눅 들게 한다. 가르치는 입장에 있는 교수들도 비슷하다.
그들에게 모든 사람은 가르쳐야 할 대상이다. 그래서 누군가가 자신
에게 싫은 소리를 하는 것을 못 견딘다. 사장과 직원의 관계도 그렇
다. '내가 월급 주는 사람인데 저희들이 여기 아니면 취직이나 하겠

어?'라는 생각을 가진 사장은 말과 태도에도 그대로 생각이 묻어난다. 반대로 '직원들 덕분에 내가 이만큼 산다. 저들이야말로 내 가장 귀한 자산이다'라고 생각하는 사장은 직원들을 대하는 자세가 한결같고 남다르다.

많은 조직에서 커뮤니케이션 문제를 운운하지만 사실은 리더가 마음을 잘못 먹고 있기 때문에 문제가 발생하는 경우가 대부분이다. 소통 문제를 해결하고 싶으면 스스로에게 이렇게 물어보면 된다.

'나는 직원들을 어떻게 생각하고 있는가? 나와 같이할 파트너 혹은 내 인생의 귀인으로 생각하는가, 아니면 일회용 반창고로 생각하는가? 진실로 그를 존중하고 그의 발전을 위해 고민하고 애를 쓰는가, 아니면 지금이라도 그만두었으면 하는가?'

그리고 마음을 고쳐먹어야 한다. 그러면 자연스럽게 그런 마음이 여러 경로로 사람들에게 전해진다. 직원 입장에 있는 사람도 마찬가지다. '주는 만큼만 일하겠다. 일하기는 싫지만 목구멍이 포도청이라 일하겠다'라고 생각하면 그 마음이 상대에게 전달된다.

요사이 MBC의 '위대한 탄생' 프로로 더욱 인기를 얻고 있는 가수 신승훈의 인기 비결도 사실은 마음 씀씀이에 있었다. 그리고 그것이 고스란히 팬들에게 전달되었기 때문이다. 신승훈의 글을 읽어보면 이를 알 수 있다.

"올림픽공원에서 공연할 때의 일이다. 비가 왔다. 무대에 서자 끝까지 꽉 찬 팬들이 하얀 우비를 입은 채 빗속에 앉아 있는 모습이 보였다. 무대 위에 있는 나야 비를 피할 수 있었지만 그들은 빗속에서 공연을 보아야만 했다. 나는 너무 감격하고 또 미안해서 지붕 밖으로 나왔다. 팬들처럼 나 또한 비를 맞으며 노래해야 한다고 생각했기 때문이다.

그런데 팬들이 안 된다고 비 맞지 말라고 난리가 났다. 그래도 나는 그럴 수 없다고 버텼다. 그랬더니 팬들이 우비의 모자를 벗는 거다. 그러자 하얗게 보이던 관객들이 앞에서부터 차례차례 맨 끝까지 까맣게 변하는데, 그 모습을 보는 내 마음이 얼마나 숙연했는지 그때의 감동은 정말 잊을 수 없다. 난 사랑한다는 말을 아끼는 편이다. 그런데 그날 처음 팬들에게 사랑한다고 고백했다."

스스로를 정의하라

커뮤니케이션을 잘하기 위해서는 먼저 스스로를 정의하고 다음에 관계를 정의해야 한다. 나는 누구인가. 내 가치관은 무엇인가. 저들과 나의 관계가 어떠한가. 내가 누구 덕분에 이렇게 잘살 수 있는가. 이런 관계를 정의하면 자연스럽게 말과 행동과 태도가 그에 맞게 튀어나온다. 커뮤니케이션은 말이 아닌 마음의 전달이다.

03

격의 없는 커뮤니케이션을 통해 아이디어를 얻는다

직원들과 커뮤니케이션을 하여 최고의 아이디어를 창출한 다음
그 아이디어대로 실행하여 오늘날 세계 최고의 공항이라는 명예와 함께
직원들과 소통하는 리더라는 부차적인 소득도 얻게 된 것이다.

♔　　　국제공항협회(ACI)가 주관하는 세계
공항 서비스 평가에서 2005년 이후 5년간 연속 '세계 최고 공항'으
로 선정된 인천공항은 6년 연속 세계 최고라는 명예를 얻기 위해 회
식자리 때마다 "레츠 고 윈 식스(Let's go win Six)!"를 외친다.

인천공항은 그렇게 세계 최고의 공항으로 인정받는 것뿐만 아니
라 2009년 매출액 1조 1866억 원을 올렸으며, 경기 침체 여파로 여
행객이 급감했던 2008년에도 오히려 매출액을 10.6%나 늘렸다. 유
가와 환율 위기 속에서도 6년 연속 흑자 경영을 이룬 비결은 무엇
일까?

인천국제공항공사 이채욱 사장은 그 원인을 차별화에 두었다. 일

등을 하려면 뭔가 달라야 한다. 그는 그 아이디어를 얻기 위해 '아이디어 사냥 워크아웃'을 도입했다. 이것은 GE의 잭 웰치가 도입한 방법으로 '자신들이 추구하는 것'이 무엇인지 정해 매주 월요일마다 EM(Executive Meeting)을 실시하여 참석자들이 각자 아이디어를 무기명으로 쪽지에 적어 제출하는 것이다. 적어 낸 아이디어를 모아 칠판에 붙인 다음, 토론과 표결을 통해서 베스트를 선정한다. 처음 나온 아이디어가 20개라면 토론을 통해서 10개, 5개, 3개로 범위를 좁혀가다가 최종적으로 베스트를 뽑는 방식을 채택했다. 결국 가장 많은 참가자들이 지지한 것이 베스트로 선정된다.

인천국제공항공사 이채욱 사장은 이런 식으로 직원들과 커뮤니케이션을 하여 최고의 아이디어를 창출한 다음 그 아이디어대로 실행하여 오늘날 세계 최고의 공항이라는 명예와 함께 직원들과 소통하는 리더라는 부차적인 소득도 얻게 된 것이다.

04

행동으로
메시지를 전한다

커뮤니케이션에서 행동으로 보여주는 메시지만큼 강력한 것은 없다.
아무리 말로 그럴듯한 소리를 해도 행동이 어긋나면
그 순간 모든 것은 물거품으로 변한다.

글로벌 기업에서 근무하는 후배
에게 물었다. 그 회사는 윤리경영을 한다고 들었는데 실제로 잘 지
켜지고 있느냐고 말이다. 그는 이렇게 대답했다.

"얼마 전에 있었던 사건을 말씀드리면 어느 정도 설명이 될 것 같
네요. 신입 직원 회식 때의 일이에요. 어느 부서에서 1차로 식사를
하고 2차로 노래방을 갔습니다. 술이 어느 정도 취한 한 관리자가 신
입 여직원에게 블루스를 추자고 했어요. 그 여직원은 거절했지요.
그런데도 자꾸 강요하더랍니다. 그리고 회식은 끝났습니다. 그런데
다음 날 블루스를 강요당한 여직원이 미국 본사에 이메일을 써서 진
상을 보고하자 본사에서 곧장 확인을 위해 두 명이 서울로 날아왔습

니다. 여직원과 그 관리자는 물론 회식 참석자도 조사를 받았습니다. 진상이 확인되자 그 관리자는 바로 해고를 당했지요. 우리 회사의 윤리 경영 원칙은 명확합니다. '두 번의 기회는 없고 예외도 없다'는 것입니다."

이 이야기를 듣자 어떤 회사에서 있었던 일이 생각났다. 어느 관리자가 품질보증비용 수천 만 원을 개인적인 용도로 사용했다가 들통이 나버렸다. 회사는 이 사건 처리를 놓고 한참 시간을 끌다 마지못한 듯 해고하더니, 1년 후 슬그머니 복직시켰다. 그 후로는 사장이 아무리 윤리 경영의 중요성을 강조해도 아무도 들으려 하지 않게 되었다.

커뮤니케이션에서 행동으로 보여주는 메시지만큼 강력한 것은 없다. 아무리 말로 그럴듯한 소리를 해도 행동이 어긋나면 그 순간 모든 것은 물거품으로 변한다. 리더로서 강력한 메시지를 보내고 싶다면 행동으로 말하라.

독일 베를린의 뒷골목 한 모퉁이에서 거지 소녀가 바이올린을 켜고 있었다. 소녀는 서투른 솜씨로 바이올린을 구슬프게 켜가며 구걸했지만 골목의 꼬마들만 모여서 구경할 뿐 아무도 쳐다보지 않았다. 소녀는 냉랭한 표정으로 자신을 지나치는 사람들을 보고 기운이 빠져 힘없이 팔을 떨어뜨리고 말았다.

젊은 신사가 다가오더니 소녀의 바이올린을 받아들었다. 그리고 익숙한 솜씨로 바이올린을 켜기 시작했다. 아름답고 황홀한 멜로디가 흘러나오자 사람들이 하나둘 모여들었고 그가 연주를 마칠 즈음에는 몇 겹의 사람들이 담을 이룰 정도였다. 연주가 끝나고 사람들은 아낌없는 갈채를 보내며 돈을 던졌다. 젊은 신사는 정중하게 인사를 하고 바이올린과 돈을 소녀에게 건네주었다. 그러고는 아무 말 없이 거리 저쪽으로 사라졌다. 이 젊은 신사가 바로 아인슈타인 박사다. 그는 사랑은 말이 아니라 행동이란 것을 몸으로 보여주었다.

행동으로 보여준 이기태 (前)사장 (現 미래 융합기술 연구소장)

삼성전자의 애니콜은 세계적인 명품이다. 외국인들이 가장 갖고 싶어하는 물건 중 하나다. 하지만 처음부터 그랬던 것은 아니다. 핸드폰이 처음 한국에 등장했을 때 시장의 강자는 모토로라였다. 애니콜은 존재 자체가 희미했다. 무엇보다 품질에 문제가 많았다. 고질적인 품질 문제를 해결하지 않고는 도약은 꿈에도 그릴 수 없는 형편이었다.

어떻게 하면 직원들에게 품질의식을 불어넣을 것인가? 이기태 사장은 말로 외칠 것이 아니라 행동으로 보이기로 결심했다. 이른바 '불량제품 화형식'. 품질에 문제를 보이던 핸드폰 모두를 구미공장에 쌓아놓고는 전 직원을 모이도록 했다. 그리고 불을 질렀다. 돈으로 따지면 500억 원이 일시에 연기와 함께 사라진 셈이다. 직원들은 눈물을 흘리기 시작했다.

다른 말이 필요 없었다. 잔소리를 할 것도 없었다. 타고 남은 재가 소중한 밑거름이 되듯 잿더미 속에서 애니콜은 다시 태어났다. 설계에서부터 대대적인 업그레이드 작업이 시작되었다.

스웨덴의 유명한 가구 회사 이케아는 '가족을 이해하고 가족을 도우려 노력하는 가구점'이라는 명성을 얻기 위해 말없이 노력해왔다. 그리고 말보다 행동으로 이를 실천했다. 이 회사의 고객은 대부분 경제적으로 넉넉지 못한 젊은 부부들로, 튼튼하고 실용적이며 저렴한 가구를 원했다. 이케아는 이런 젊은 부부들을 위해 가게 구석에 어린이 놀이방을 마련하여 쇼핑하는 동안 아이들을 맡길 수 있도록 했다. 덕분에 부부들은 언제 집에 가느냐고 끊임없이 묻는 아이들의 성화에서 벗어나 좀 더 여유를 갖고 쇼핑을 할 수 있게 되었다. 손님이 많은 경우에는 놀이방 이용시간을 제한했다. 물론 놀이방 서비스는 무료였다. 우리 회사는 가족 중심 회사라고 수백 번 떠드는 것보다 놀이방 하나를 설치함으로써 이케아는 가족 중심 기업이란 이미지를 사람들의 머릿속에 깊이 심을 수 있었다.

사람들에게 무슨 이야기를 하고 싶은가? 사람들의 의식을 바꾸고 싶은가? 그렇다면 아무 말 하지 말고 그것을 행동으로 보여라. 사람들은 저절로 알아들을 것이다. 신뢰와 정직이 당신 회사의 모토인가? 그렇다면 슬로건 대신 신뢰와 정직을 눈으로 확인시켜라. 고객만족이 모토인가? 고객이 웃을 때까지 서비스로 무장하라.

말을 앞세우지 마라. 말을 했는데도 지켜지지 않는다면 차라리 침묵을 지켜라. 그리고 행동으로 시작하라. 행동은 가장 강력한 커뮤니케이션이다.

05

현장의 참여를
극대화한다

상향식 커뮤니케이션의 핵심은 자발적인 참여다.
직원의 지혜와 마음을 참여시킴으로써 동기부여를 하는 것이다.
리더가 강요하면 하기는 하지만 추진력은 약해진다.

♕ **1950년 4월 7일** 도요타자동차 노조는
노조쟁의행위통지서를 발송하고 파업을 시작했다. 이유는 '보유현
금이 4억 엔이나 있는데도 임금을 인하하려 한다'는 것이었다. 하지
만 그것은 오해였다. 도요타의 경영실적은 최악이었고 노조가 주장
하는 4억 엔은 도요타 관련 회사 및 공장 투자를 위한 융자금이라 직
원 급여로 사용할 수도 없는 돈이었다. 커뮤니케이션의 오해가 빚어
낸 비극이었다. 이후 도요타는 사내 커뮤니케이션 활성화에 전력투
구하기 시작했다. 도요타가 위기에서 벗어나고 마침내 세계 최고의
기업으로 우뚝 서기까지는 도요타만의 커뮤니케이션 문화가 지대한
영향을 끼쳤다.

도요타의 커뮤니케이션은 다른 회사와의 커뮤니케이션과 무엇이 다른가?

첫째, 현장 중심의 커뮤니케이션이다.

이를 위해 CEO는 월 1회 현장을 방문한다. 그리고 이때 도요타의 가치와 비전을 전하고 공유한다. 반장이 조장을 중심으로 한 소집단 활동을 조직한다. 간담회를 이끌며 각종 불만사항을 듣고 가능한 것은 현장에서 즉각 개선해준다. 인사 측면에서도 커뮤니케이션을 실시한다. 일본말로 '노무'는 마신다는 의미인데, 이것과 커뮤니케이션을 결합해 새로운 단어를 만들었다. 즉 일과 후 맥주 한잔 하면서 친목도 다지고 정보도 주고받는 것이다.

둘째, 제안의 힘이다.

창의적 제안 제도가 대표적이다. 도요타의 연간 제안 건수는 65만 건에 달한다. 이는 1인당 12건에 해당한다. 생산성 제고와 고충처리에 관한 내용이 주를 이루는데, 도요타의 힘은 바로 이 제안의 힘이라 할 수 있다. 또 긴급제안 제도가 있다. 업무 중 위급상황이나 애로사항을 수시로 제출할 수 있다. 매일 아침에 갖는 짧은 미팅과 월 2회의 QC 활동도 소통을 원활하게 해준다.

셋째, 비공식 조직을 활용하는 것이다.

심층회가 대표적이다. 이는 직급별 모임으로 자체적으로 연수도 하고 간담회도 가지면서 회사 상황, 현장의 문제점을 공유한다. 또 풍생회, 풍진회 등 출신별 모임도 있는데 최근에는 개인별 동호회 모임으로 변화하고 있다.

내용 못지않게 중요한 채널

커뮤니케이션에는 내용 못지않게 채널이 중요하다. 한 가지 소통 채널보다는 여러 채널을 갖고 있는 것이 효과적이다. 그래야 한 채널이 막혀도 다른 채널을 통해 정보가 흐를 수 있다. 도요타가 바로 그러한 방법을 취한다. 이들은 여러 채널을 효과적으로 활용하고 있다. 어떤 채널은 위에서 아래로 흐르고, 어떤 채널은 아래에서 위로 흐른다. 또 공식적인 채널도 있고 비공식적인 채널도 있다. 채널마다 역할도 달라지기 때문에 필요에 따라 채널을 바꿔가면서 활용할 수 있다는 장점이 있다.

우리는 홍보실을 통한 방송, 회사에서 만드는 소식지, 사장님의 연설 등 위에서 아래로 향한 채널에만 길들여져 있는 편이다. 물론 제안제도라든가 '청년임원회의'처럼 아래에서 위로 향하는 채널도 있기는 하지만 그다지 효과적이지는 않고 형식적으로 운영되는 경우가 많다. 자발적이지 않고 위에서 마지못해 운영하는 것이다. 만약 자발적으로 참여하게 유도할 수 있다면 그 파워는 대단할 것이다. 도요타의 제안제도가 그것을 잘 말해준다.

상향식 커뮤니케이션의 핵심은 자발적인 참여다. 직원의 지혜와 마음을 참여시킴으로써 동기부여를 하는 것이다. 리더가 강요하면 하기는 하지만 추진력은 약해진다. 내 생각 드러내기를 뒤로 하고 상대 생각을 먼저 들은 다음 그것에 동의해주거나 조금 수정하여 결정을 내린다면 실행력은 훨씬 강해질 것이다. 커뮤니케이션이 위에서 아래로 흐르고, 아래에서 위로 흐르고, 또 옆으로 흐르게 할 수 있다면 조직은 더없이 막강해질 것이다. 이것이 바로 진정한 커뮤니케이션이다.

신뢰를 확보하는 것이
급선무

커뮤니케이션은 이성적인 것과 감성적인 것이 결합되어야 효과적이다. 그런 의미에서
커뮤니케이션의 최고봉은 이심전심이고, 염화시중의 미소이다.

♕　　　"말이야 옳은 말이지만……."

"무슨 말인지는 알겠는데……."

우리가 흔히 쓰는 말들이다. 왠지 하고 싶지 않다는 뜻의 말이다. 이런 반응이 나온다면 의사소통이 제대로 이루어지지 않은 것이다.

커뮤니케이션은 이성적인 것과 감성적인 것이 결합되어야 효과적이다. 그런 의미에서 커뮤니케이션의 최고봉은 이심전심이고, 염화시중의 미소이다. 말하지 않고도 상대의 의중을 알고 그대로 행동할 수 있으니 이보다 더 이상적인 커뮤니케이션이 어디 있겠는가. 이것이 가능한 것은 오랫동안 같이 일을 해왔고 그래서 상대를 신뢰하기 때문이다.

커뮤니케이션의 전제조건은 신뢰다. 신뢰 수준이 높을 때 커뮤니케이션은 즉각적인 힘을 발휘한다. 사소한 실수는 문제가 되지 않는다. 신뢰의 속도만큼 빠른 것은 없다. 그것은 인터넷보다도 빠르다.

신뢰에 대한 이야기가 많이 나오는 것은 그만큼 상황이 좋지 않다는 뜻이다. 신뢰가 탄탄하게 형성된 조직에서는 신뢰를 말하지 않는다. 화목한 가정에서 화목하게 살자는 이야기를 하던가? 커뮤니케이션도 그렇다. 소통이 잘되는 조직에서는 소통에 대해 이러쿵저러쿵 문제 삼지 않는다.

신뢰는 능력이다

그렇다면 신뢰란 무엇이고, 어떻게 신뢰를 쌓을 것인가?

신뢰는 능력이다. 자신을 믿지 못하는 사람은 남도 믿지 못한다. 그래서 나는 남을 신뢰할 수 있는 사람을 믿는다. 남을 믿는다는 것은 언제나 위험이란 요소를 계산에 넣어야 하는 일이다. 설혹 삐끗하더라도 대처할 능력이 있기 때문에 믿을 수 있는 것이다.

신뢰는 먼저 믿어주는 것이다. 휴렛팩커드의 예를 보자. 1972년 당시 CEO였던 루이스 플랫은 출근시간 입력 제도를 폐지했다. 회사의 신뢰에 직원들도 신뢰로 화답했다. 하지만 다른 회사들은 직원을 믿지 못했기 때문에 계속해서 확인하고 통제했다. 직원들은 회사의 불신에 불신으로 맞섰다. 당연히 문제가 생겼다. 그러면 그것을 빌

미로 더욱 규제를 늘리면서 이렇게 말했다.

"보라고, 세상에 믿을 사람이 어디 있어?"

신뢰는 아무나 할 수 있는 게 아니다. 믿는다는 것 자체가 쉽지 않을뿐더러 무조건 믿는 것이 신뢰가 아니기 때문이다. 지금 요구되는 것은 결단으로서의 신뢰, 현대적인 신뢰이다. 그것은 깊은 고민 끝에 생겨나는 계산된 신뢰다. 따라서 결코 맹목적이거나 순진하지 않다. 조건이 필요한 것이다.

비즈니스 세계에서 신뢰를 형성하기 위해서는 능력, 성실, 선의가 뒷받침되어야 한다. 전문성이 있고, 인격이 확실하고, 감춰진 의도가 아닌 선의를 보여주어야 한다. 그렇다면 그것은 구체적으로 무엇을 말하는가?

스티븐 코비 박사의 '은행 계좌'의 예를 들어보자. 우리 안에는 감정 은행 계좌가 만들어지는데, 약속을 잘 지키고 밥을 사주고 친절하게 대하는 등 평소 열심히 입금을 하면 계좌에 잔고가 충분히 쌓여 간혹 말실수를 하더라도 별다른 문제가 생기지 않는다. 반대로 인출만 계속하다가 깡통계좌가 되면 감정상태가 나빠져 별것 아닌 일에도 신경을 곤두세우게 된다는 것이다.

아무리 옳아도 감정이 나빠져 있는 상대가 이야기하면 들으려 하지 않는 것이 인지상정이다. 그렇기 때문에 평소에 신뢰를 쌓고 감정적으로 원활한 상태를 만들어야 한다. 통로는 필요하다고 해서 금방 만들어지는 것이 아니다.

07

말 한마디로
조직을 바꾼다

한마디 말로 원하는 목적을 달성하는 리더가 있는 반면,
일 년 내 잔소리를 하고도 변화에 실패하는 사람도 있다.

말 한마디가 사람을 살리기도 하고 죽이기도 한다. 자살을 앞둔 사람이 말 한마디에 마음을 바꾸기도 하고 별 생각 없이 던진 말이 천추의 한으로 남기도 한다. 말의 힘은 크고 깊다. 영향력이 큰 리더의 위치에 있는 사람의 말은 더욱 그러하다. 그러므로 무슨 말을 어느 순간에 어떤 방식으로 할 것이냐를 늘 고민해야 한다.

모 회사는 자기 일만 열심히 할 뿐 전사적인 이슈나 다른 부서의 일에는 전혀 무관심한 분위기가 팽배한 곳이었다. 회의시간에도 자신과 직접적으로 관련이 없는 어젠다일 경우에는 낙서를 하거나 옆사람과 잡담을 하기 일쑤였다. 원래 기업문화가 그리하여 어느 누구

도 이의를 제기하지 않았다.

그러다가 다른 회사 출신인 송 이사가 상사로 온다는 소문이 돌더니 곧이어 실제로 발령이 났다. 그룹에서 제일 잘나가는 실세 중의 실세가 회사 혁신을 위해 내려온다는 것이었다.

회사 분위기가 흉흉해졌다. 송 이사에 대한 소문이 상당한 불안감을 조성했다. 별명이 독일병정인데 그 사람 마음에 들면 회사 생활이 편하지만 그렇지 않으면 끝날 때까지 고달파진다, 사람이 워낙 날카로워 또 다른 별명이 면도날이다, 대충대충 하는 것은 절대 용납하지 않는다, 완벽주의자라 기대치를 만족시키기가 여간 어려운 게 아니다, 그 사람 때문에 옷을 벗은 사람이 얼마나 많은지 모른다 등등 소문이 나돌았다.

사람들은 바짝 긴장했다. 어떻게 해서든 그런 사람 밑에서 살아남는 게 관건이었기 때문이다. 그런데 그의 첫인상은 그렇게 날카롭지 않았다. 생김새도 수더분하고 말투도 털털하니 오히려 엉성한 구석도 있어 보였다. 그뿐이랴, 이 업종에 대해 잘 모르니 많이 도와달라는 겸손함까지 보였다. 송 이사가 업무 파악을 하는 동안 몇 주가 흘렀고 사람들 사이에서는 소문이 잘못되었다, 별거 아니다 등의 이야기가 돌면서 초기의 긴장도 조금씩 사라져갔다.

그때 그룹의 인사부서에서 새로운 인사제도에 대한 설명회를 열었다. 인사책임자가 한 시간 동안 새로운 제도의 개념, 중요성, 예상 문제점, 협조사항 등에 대해 상세하게 설명하고 나서 사람들에게 질문이나 코멘트가 있는지 물었다. 늘 그래왔듯이 부서장들은 별 질문이 없다고 대답했다. 그때 송 이사의 눈빛이 잠시 빛났는데 아무도 그것을 눈치 챈 사람은 없었다. 사실 사람들은 제대로 집중해서 듣지 않았다. 자신과는 크게 상관이 없다고 생각했던 것이다. 회의는 바로 끝이 났다.

사무실로 돌아와 일을 보고 있는데 송 이사가 인사담당자를 불러서 이런 질문을 던졌다.

"한 팀장, 아까 인사부서에서 새 인사제도에 대해 설명을 했잖아요. 내가 보기에는 아주 중요한 변화이고 논란거리가 많은 제도라 질문과 코멘트가 많을 걸로 생각했는데 팀장을 위시해서 질문도 없고 코멘트도 없던데요. 내가 이걸 어떻게 해석하면 좋은가요?"

그 한마디에 인사팀장은 모골이 송연해졌다. 마땅한 대답을 찾지 못한 인사팀장이 당황해하는데 송 이사가 말을 이었다.

"정말 인사제도에 대해 아무런 의견이 없는 것인지, 아니면 다른 부서의 일에는 원래 관심이 없는 것인지, 도대체 해석이 안 돼요. 그러면 우리가 회의를 할 필요가 있을까요?"

등에서 식은땀이 났다. 그동안 무심하게 살아온 한 팀장에게 직격탄을 날린 셈이었다. 점심때 동료 여러 팀들 모두 송 이사로부터 비슷한 피드백을 받았다. 다음 회의시간이 어땠겠는가? 느슨했던 회의시간은 긴장감으로 팽팽해졌다. 질문을 하고 코멘트를 날려야 하는데 그러자면 열심히 들어야 할 것이 아닌가.

다들 앉는 자세부터 달라졌다. 삐딱하게 눕듯이 앉는 대신 허리를 꼿꼿이 세우고 앉았다. 눈빛도 달라졌다. '그게 도대체 나와 무슨 상관이야? 지겨우니까 빨리 끝내'라는 투의 게슴츠레한 눈빛은 더 이상 찾아볼 수 없었다. 질문이 넘쳐났다. "왜 그렇지요?" "잘 이해가 안 되니 더 쉽게 설명해주세요." "예상되는 저항은 없을까요?" 메모를 하고, 질문을 하고, 동조발언을 하고, 고개를 끄덕이고, 한마디로 회의 분위기는 180도 바뀌었다.

송 이사의 말 한마디 때문이었다. 그가 특별히 무슨 이야기를 한 것은 아니다. 몇 가지 질문만 했을 뿐이다. 그것이 바로 리더의 커뮤니케이션이다. 리더의 말 한마디가 조직을 살릴 수도 죽일 수도 있다.

비난은 회피를 부른다

많은 리더들은 문제가 발생하면 제일 먼저 누군가를 비난하는 것으로 해결을 대신한다. 하지만 그것은 아무짝에도 쓸모없는 짓이다. 비난은 비난하는 사람의 마음은 조금 풀어줄지언정 상황을 바꾸지는 못한다. 리더의 비난이 문제를 해결하는 경우를 본 적이 있는가?

또한 비난은 방어와 회피를 부른다. 비난받는 대상은 자신의 행동을 고치기에 앞서 변명거리를 찾는 데 급급하고 방어적 태도를 취하게 될 뿐이다. 비난만 해서는 사람들을 변화시킬 수 없다.

따라서 말을 할 때는 늘 목적을 생각해야 한다. 그리고 어떻게 해야 그 목적을 달성할 수 있을지를 고민해야 한다. 한마디 말로 원하는 목적을 달성하는 리더가 있는 반면, 일 년 내 잔소리를 하고도 변화에 실패하는 사람도 있다.

08

질문이
조직을 바꾼다

훌륭한 리더는 멋진 이야기보다는 멋진 질문을 던지는 사람이다.
질문은 사람을 지혜롭게 만든다.
질문을 받을 때 사람은 비로소 머리를 쓴다.

♕   **소유권이** 한국인에서 외국인으로 넘어간 회
사에서 근무하는 한 매니저가 있다. 원래 그는 늘 불평이 가득한 못
마땅한 얼굴로 다녔다. 그런데 그가 최근에 180도 달라졌다. 그 이
유는 무엇일까? 그의 말을 그대로 인용해보자.

"글쎄요. 회사 다닐 맛이 난다는 것이 가장 달라진 점입니다. 사장
님과 사이가 좋아졌거든요. 예전 사장님은 입만 열면 명령 아니면
꾸중이고 잔소리가 심했어요. 그러다 보니 제 자신이 한심해지더군
요. 그런데 새로 온 사장님은 묻기만 하면서 일을 시킵니다. 이상하
게도 똑같이 일을 시키는데 느낌이 달라요. 일할 맛이 납니다."

좀 더 구체적으로 그의 이야기를 들어보자.

"이런 식입니다. 한번은 사장님이 저를 부르더니 '김 부장은 이 분야에서 영업한 지 얼마나 되나?'라고 묻더군요. '20년쯤 됩니다'라고 답했지요. '그러면 이 분야에서는 영업으로 한국 최고겠구먼' 하기에 얼떨결에 그렇다고 했습니다. '그렇다면 세계적으로도 김 부장이 최고인가?' 그건 아닌 것 같아서 아니라고 했더니 '그러면 제일 잘하는 사람이 100점이면 김 부장은 몇 점쯤 되나?' 하고 묻더군요. 별 생각 없이 70점쯤 된다고 말했습니다. 그러자 '그렇다면 내년 이맘때쯤은 몇 점까지 올릴 생각인가? 그것을 위해 김 부장 할 일은 무엇이라고 생각하나?' 그때야 저는 비로소 생각하기 시작했고 그것을 제 목표로 삼아 일을 했습니다. 사장님이 억지로 시켜서 한 것이 아니고 제 스스로 생각하고 실천하니 머리도 맑아지고 자부심도 생기더군요. 질문이 사람을 움직인다는 것을 알게 되었습니다."

멋진 이야기보다는 멋진 질문을 하라

정반대의 경우도 있다. 모 회사의 회의시간. 회의 내내 사장 혼자 마이크를 잡고 이야기를 하고 있다. 지금 시장이 어떻게 움직이고 있고, 회사 상태는 어떻고, 문제는 무엇이고, 향후 대책이 뭐고……. 그런데 뒤따르는 질문이 없다. 간혹 질문이 있더라도 기껏해야 떠밀려 하는 질문, 동조하지 않으면 안 되는 질문, 정답을 머릿속에 그려놓고 형식적으로 물어보는 질문이 고작이다. 당연히 회의 분위기는 지루함, 짜증, 답답함의 연속. 사장의 시장을 읽는 눈, 현상을 통찰하는 능력은 나무랄 데 없지만 커뮤니케이션 능력은 빵점인 것이다. 그날 회의를 통해 얻은 것은 아무것도 없다. 사장 혼자 훌륭하고 나머지 사람들은 아무것도 아니라는 사실을 재확인했을 뿐이다.

훌륭한 리더는 멋진 이야기보다는 멋진 질문을 던지는 사람이다. 질문은 사람을 지혜롭게 만든다. 질문을 받을 때 사람은 비로소 머리를 쓴다. 그렇기 때문에 최고의 리더십은 질문을 통해 이루어진다.

질문을 하려면 겸손이 필요하다. 자신이 최고라고 생각하는 사람에게 질문이라는 단어는 존재하지 않는다. 모든 사람을 지시의 대상으로만 보기 때문이다. 그런 사람 밑에서 일하는 사람은 스스로를 노예라고 생각한다. 모든 것을 수동적으로 할 뿐이다. 질문은 최고의 동기부여 도구이다. 상사가 "자네 생각은 어떤가? 자네가 내 위치에 있다면 무엇을 어떻게 할 생각인가?"라고 물으면 어떤 기분이 들겠는가? 존중받는다는 느낌, 필요한 존재라는 느낌이 들 것이다. 동시에 상사를 실망시키지 말아야겠다는 생각도 하게 된다.

질책도 질문으로 바꾸면 효과가 배가된다. 질책을 받고 '정말 내가 잘못했다. 다시는 그러지 말아야겠다' 반성하기는 쉽지 않다. 질책 대신 스스로에게 이런 질문을 던져보면 어떨까?

'내가 목표를 정확히 전달했는가? 필요한 자원과 시간을 주었는가? 제대로 할 수 있도록 충분히 훈련시켰는가?'

그런 질문을 던지다 보면 함부로 야단치는 일은 줄어들 것이다.

질문은 진실한 마음으로 해야 한다. 진심으로 그 사람의 의견을 듣고 싶다는 마음에서 질문을 해야 상대도 편안하게 답변할 수 있다. 너무 갑작스런 질문, 비난조의 질문, 이미 결론을 낸 상태에서 하는 질문, 부정적인 질문 등은 좋은 질문이 아니다. 그런 질문을 받으면 사람들은 입을 닫는다. 순수하게 질문하고, 긍정적 자세를 견지하고, 상대에게 답변할 시간을 주어야 한다. 무엇보다 자연스럽게 질문을 주고받는 문화가 중요하다.

09

리더와 보통 사람의
커뮤니케이션의 차이점

커뮤니케이션의 방법에서 리더와 보통 사람의 차이점이 있다.
위대한 리더는 말의 길이가 아니라
메시지가 갖는 힘과 영향력으로 평가된다.

♔　　　　**리더는 자신이** 다른 사람에게 주는 인상
보다도 다른 사람에게 미치는 영향력을 더 중요시한다. 뛰어난 리더
는 모든 대화와 이메일과 전화통화와 연설에서 자신이 무엇을 얻고
자 하는지 알고 있다. 그들은 목표를 세우고 행동을 개시한다. 커뮤
니케이션의 방법에서 리더와 보통 사람의 차이점이 있다. 그 중에서
중요한 몇 가지를 들어보자.

✚ 보통 사람은 말하지만, 리더는 설득한다.

✚ 보통 사람은 인상을 남기지만, 리더는 영향을 준다.

✚ 보통 사람은 듣게 만들려고 노력하지만, 리더는 자기 말을 이해시켜려고

애쓴다.

+ 보통 사람은 설명하지만, 리더는 상대를 격려한다.

+ 보통 사람은 정보를 알려주지만, 리더는 영감을 불어넣어 준다.

+ 보통 사람은 사실을 전달하지만, 리더는 이야기를 들려준다.

명료함이 리더의 메시지가 가진 특징이다

게티스버그 연설은 미국 역사에서 손꼽히는 위대한 연설이다. 에이브러햄 링컨이 남북전쟁 중 최대의 격전지인 게티스버그에서 했던 이 연설은 불과 열 문장으로 이루어져 있다. 하지만 강력하고 인상적인 그 짧은 연설을 통해서 링컨 대통령은 위대한 진실을 전달했다.

그날 게티스버그 연단에 에드워드 에버렛 상원의원 역시 올랐다는 사실은 널리 알려져 있지 않다. 당대의 위대한 연설가로 꼽히던 에버렛 의원은 미국 전역을 돌아다니며 연설을 했다. 마치 오늘날의 전문 강연자처럼 말이다. 그는 뛰어난 웅변가였지만 간혹 말이 장황해지곤 했다. 게티스버그에서 그가 한 연설은 거의 두 시간에 달했다. 에버렛의 장황한 연설은 링컨의 명료한 연설에 가려져 거의 기억하는 사람이 없다. 위대한 리더는 말의 길이가 아니라 메시지가 갖는 힘과 영향력으로 평가된다.

10

커뮤니케이션에서 발생할 수 있는 문제를 예방하는 방법

리더의 말을 부하직원이나 구성원들이 어떻게 이해했는지
확인하는 방법은 다시 한 번 설명해보라고 부탁하는 것이다.

메시지가 제대로 전달되었는지 확인하는 피드백

한 남자가 지프차를 타고 산길을 올라가고 있었다. 그때 마침 옆 차선에서는 여자가 차를 타고 내려오고 있었다. 그녀는 지나치면서 남자 쪽으로 몸을 기울여 "맷돼지!" 하고 소리쳤다. 남자는 순간 화가 났다. 잘 알지도 못하는 여자가 자신을 보고 왜 맷돼지라고 욕을 하는지 이해할 수 없었다. 그래서 씩씩거리며 백미러로 보다가 길 한가운데 서 있는 맷돼지를 못 보고 그만 들이받고 말았다.

여자는 남자를 모욕한 것이 아니라 앞에 맷돼지가 있으니 조심하라고 경고한 것이었다. 하지만 불행하게도 커뮤니케이션의 시간이 너무 짧았다. 시간만 되었다면 "멧돼지가 있으니 조심하세요"라고 말해주었을 것이다. 커뮤니케이션에는 이런 함정이 있다. 명확하게 의사소통할 시간을 충분히 갖지 않으면 오해의 소지를 낳을 수 있다.

리더의 말을 부하직원이나 구성원들이 어떻게 이해했는지 확인하는 방법은 다시 한 번 설명해보라고 부탁하는 것이다.

"명확하게 전달되었는지 확인하고 싶으니 내가 말한 내용을 어떻게 이해했는지 다시 얘기해주겠는가?"

이러한 피드백은 메시지를 분명히 전달하고 이해했는지를 확인하는 좋은 방법이다. 그러나 상황이 일어난 후에는 아무 소용이 없다.

미래의 성공 가능성을 높이기 위하여 상황이 일어나기 전에 피드백을 하는 것이 어떨까? 즉 조직원들이 어떤 일을 착수하기 전에 필요한 정보를 미리 제공하는 것이다.

친근하게 다가가서 인상깊은 이야기를 한다

조직의 구성원들이나 부하직원들은 주된 메시지보다 인상 깊은 이야기를 더 잘 기억한다. 즉 메시지를 전달하기 위해 이해하기 쉽도록 말해준 스토리나 유머 등을 더 잘 기억한다는 것이다. 따라서 메시지를 전달할 때에는 상대의 기억에 남을 이야기를 해주는 것이 효과적이다.

이야기는 마음의 옷걸이라고 할 수 있다. 사람들이 생각을 걸어놓기 때문이다. 인상적인 이야기를 들으면, 그들은 리더가 전달하려고 하는 중요한 요점이나 메시지를 나중에 쉽게 떠올릴 수 있다.

훌륭한 리더는 '이야기는 예증'에, '사실은 입증'에 유용하다는 것을 알고 있다. 사실과 통계는 훌륭한 화술에 도움이 되지만, 그것 자체가 훌륭한 화술이 되지는 않는다. 좋은 이야기는 감정적인 요소를 담고 있기 때문에 힘을 지니게 되는 것이다. 또 이야기는 일어난 일을 쉽게 전달하는 데 그치는 것이 아니라 그것을 겪으면서 느낀 감정도 함께 전달한다. 통계는 결론을 이끌어내는 데 도움이 되지만 사람들을 감동시키거나 자극하지 못한다. 그리고 리더가 커뮤니케이션을 할 때 재미있는 이야기를 하는 것도 중요하지만, 진실된 이야기를 하는 것이 더욱 중요하다.

커뮤니케이션에는 내용 못지않게 채널이 중요하다.

한 가지 소통 채널보다는 여러 채널을 갖고 있는 것이 효과적이다.

Part 08

한국리더들의
여섯가지
유형과특징

희망 한국을 위해서 일하는
여섯 리더의 특징과 대표적인 인물

01

인화와 단결을 중시하는
서번트 리더

섬김의 리더십의 핵심은 '섬기는 것'이다.
섬긴다는 자세로 인화 단결을 중시하고
포용력이 남다르게 큰 것이 섬김 리더십의 특징이다.

섬김의 리더십이 돋보이는 경영은 복잡한 갈등이나 대립을 해소한다. 섬김의 정신을 가진 리더의 특징은 관계 지향적인 리더십을 발휘하며 인화단결을 중시하고 포용력이 있고 겸손하다는 점을 들 수 있을 것이다.

그런데 실제 인류 역사상 제일 먼저 섬김의 리더십을 발휘한 사람은 아마도 지금부터 2천 년 전의 예수 그리스도일 것이다. 그는 자신이 섬김을 받으러 온 것이 아니라 섬기기 위해서 왔다고 말하면서 제자들을 비롯한 이웃을 위해 섬긴 리더였다. 섬김의 리더십의 핵심은 '섬기는 것'이다. 섬긴다는 자세로 인화 단결을 중시하고 포용력이 남다르게 큰 것이 섬김 리더십의 특징이다.

열정적으로 승부하는 섬김의 리더

아시아나항공 박찬법 사장은 겸허하면서도 열정적인 태도로 승부하는 리더이면서 부드러운 문화를 추구하는 조직에 적임자이다. 세부적인 자질로는 겸손, 포용력, 의견수렴 등을 들 수 있다. 게다가 커뮤니케이션의 능력이 뛰어나 대인관계에서 매우 돋보인다고 한다.

박찬법 사장은 1969년 (주)금호에 입사한 뒤 1990년 아시아나 항공사로 옮겼고, 2001년 대표이사 사장에 올랐다. 금호 시절부터 홍콩 지점장 등을 시작으로 현장을 돌며 주로 영업 현장에서 경험을 쌓은 영업맨이다. 따라서 그는 현장을 중시한다.

섬김 정신을 중시하는 그의 경영철학은 그가 취임한 후 현장과 가까운 곳에 있기 위해 본사를 김포공항 활주로 옆에 세운 것을 봐도 알 수 있다. 그곳은 교통도 불편하고 마치 근대의 야전사령관을 방불케 하는 곳이다. 그렇게 외딴 곳에 본사 건물을 세운 것은 부서 간의 커뮤니케이션을 강화하기 위한 조치였다고 말한다.

박 사장은 부드러우면서도 목표한 바를 성취해내는 실행력을 보유한 전형적인 외유내강형 리더이다. 항공 산업은 완벽한 안전과 탁월한 서비스라는 양대 축에 의해서 경쟁력이 좌우되는 업종이다. 안전이 최우선이고, 그다음으로 서비스가 곧바로 매출과 직결된다. 주어진 업무를 추진하면서도 부드럽게 포용하는, 섬기는 리더십은 서비스 분야에서 더욱 빛을 발하게 된다.

박 사장이 2001년 1월 아시아나항공 CEO로 취임한 이후 악재가 많았다. 그해 가을 9·11 테러가 발생했고, 2003년에는 사스(SARS)로 인해 세계 항공계가 휘청거렸다. 또 이라크 전쟁이 끝나자 유가 급등이란 악재를 만나기도 했다. 그런 여러 가지 악재 속에서도 박 사장은 아시아나를 세계적인 항공사로 키웠다. 2003년 세계 최대의 항공사 동맹체인 '스타얼라이언스'에 가입했고, 한국능률협회가 선정하는 항공 부문 고객만족도에서 5년 동안 1위에 올랐다. 이 모두가 박 사장의 섬김의 정신을 바탕으로 한 리더십 경영 덕분이라고 할 수 있다.

CEO는 기업의 우두머리다. 따라서 CEO에게는 여러 가지 덕목이 필요하다. 열정, 혁신적인 사고방식, 원만한 인간관계 등. 하지만 그 무엇보다도 필요한 것이 있다면 바로 '인내'이다. 기업은 다양한 성격을 가진 많은 사람들이 한 데 어울려 움직이게 되므로, 많은 요소들이 서로 맞물리거나 충돌하게 된다. 또 외부적으로도 많은 사람들과 관계를 맺는다. 그런 중심에 서 있는 CEO는 기업과 관련된 모든 것을 조정, 관리하고 이끌어 가야 한다. 따라서 CEO에게는 인내가 필요하다.

인화와 단결을 중요시하는 섬김의 리더로 들 수 있는 또 한 사람은 이수영 한진 피앤씨 대표이다. 이수영 대표는 10년간 한진 피앤씨에서 일을 했으며, 주로 현장에서 많은 시간을 내어 연구개발과 마케팅을 진두지휘하면서 한진 피앤씨를 국내 최대 통기성 필름 업체로 도약시키는 데 큰 공을 세웠다.

그는 섬김의 정신을 중요시하는 리더답게 매우 겸손하다. 그는 임원 시절 연구소에 '생각을 즐겨라'라는 문구를 써서 붙여놓은 적이 있다. 그것은 조직문화를 유연하게 만들기 위해서였다. 그의 뜻대로 하루아침에 조직이 유연해지지는 않았지만, 조직이 자기 뜻대로만

일사분란하게 움직이는 경향은 많이 줄었다고 한다. 이수영 사장은 조직을 자기 뜻대로만 흐트러짐 없이 움직이도록 하고 싶은 욕심을 참았다고 한다. 그는 자기 권위를 조금 포기하고, 섬김을 중요시함으로써 얻은 것이 많았다고 말한다.

리더십의 특징

이수영 대표의 리더십은 섬김을 중요시한다. 그는 섬김을 중요시하는 리더답게 겸손을 최대의 강점으로 삼고 있다. 인간존중과 정직성에 높은 가치를 두는 이수영 대표는 내면의 가치관이 분명하면서도 외적으로는 부드러움을 유지하는 전형적인 인간관계를 중시하는 리더이다.

한진 피앤씨는 처음에는 특수포장인쇄에서 출발했다. 이후 1997년 세계 세 번째로 기저귀, 생리대에 쓰이는 통기성 필름을 개발하여 기업을 한 단계 업그레이드시켰다. 이제 이 대표는 또 다른 출발을 준비하고 있다.

섬김의 리더십의 성공 조건

한국인은 따스한 감정을 가진 국민이다. 하지만 감정적인 면이 강해서 흑백논리에 매력을 느낀다. 내 편, 네 편에 대한 구분이 뚜렷한 이유이다. 따라서 자신이 한국의 섬김의 정신을 위주로 하는 리더라고 생각하거나 그런 리더를 꿈꾸는 사람이라면 한 번 더 인내하고 한 발자국 물러서는 넉넉한 마음을 가져야 한다. 한 발자국을 숫자로 표현하면 2%라고 할 수 있다.

02

강력한 브랜드를 창출하는
브랜드 리더

브랜드의 가치를 너무나도 잘 알기 때문에 다르게 생각하고 행동하는 것을
주저하지 않는다. 이들은 차별화 전략으로 경영한다.

브랜드 리더란 브랜드, 즉 상품명과 가치를 무엇보다도 중요시하는 리더를 말한다. 그래서 그들은 자사의 브랜드력을 높이는 일을 무엇보다 우선시하며, 그 일에 자신은 물론 회사의 모든 힘을 기울인다.

차별화 전략을 쓰는 리더의 특징은 한마디로 아이디어로 승부한다는 것이다. 특히 이들은 브랜드의 가치를 너무나도 잘 알기 때문에 다르게 생각하고 행동하는 것을 주저하지 않는다. 이들은 차별화 전략으로 경영한다.

(前)대표 천호균

차별화 전략으로 성공한 리더

패션기업 '쌈지'는 대표적인 가방 브랜드 '쌈지' 외에도 아이삭, 놈, 나마, 딸기 등 다수의 패션 브랜드를 갖고 있다. 다양한 고객층을 대상으로 하는 브랜드 구성을 갖춘 셈이다.

쌈지의 대표 천호균 사장은 이른바 '감각 경영'을 한다. 그는 중간 관리자나 디자이너들에게도 고객들의 감각을 느껴보라고 말한다. 그는 다만 말로만이 아니라 스스로 '모범'을 보여주고 있다. 그는 자신부터 현장을 누비고 다닌다. 그는 현장직원들을 중요시 여긴다. 가치 있는 곳에 돈을 좀 더 쓸 수 있는 기업을 만들어가는 것이 천호균 사장의 꿈이라고 한다.

20대 후반의 옷을 즐겨 입고 머리에 염색을 하는 천 사장의 리더십은 브랜드 리더답게 창의적인 아이디어를 가장 중요하게 여기는 것이다. 그는 창의성과 신속성 그리고 책임감이 어느 리더보다 강하며, 항상 이벤트를 생각하고 차별화된 접근 방식에 관심을 두는 리더이다. 다르게 생각하는 능력이 강점인 천 사장은 패션업계에 딱 맞는 리더이다.

천 사장의 리더십의 특색은 그의 행동에서 잘 나타난다. 항상 이벤트를 준비하고 남과 다른 것을 존중하는 사고방식과 독특한 아이디어로 자신을 표현하는 행동들이 창의성에 승부를 거는 리더로서의 특징을 잘 나타낸다.

리더십의 특징

창의성에 승부를 거는 리더들은 튀는 아이디어로 승부한다. 보편적인 생각보다는 개성과 창의성을 존중해주는 것에 커다란 의미를 부여한다.

선물거래소 (前)소장 강정호

배움에 목말라 하는 리더

항상 무엇인가를 듣고, 항상 무엇인가를 생각하며, 항상 무엇인가를 배우려고 한다. 이것이 브랜드에 승부를 거는 리더들의 또 하나의 특징이다.

강정호 전 선물거래소 사장은 항상 무엇인가를 배우려고 노력한다. 그리하여 그의 수첩엔 메모가 빼곡하다. 그는 어디를 가도 늘 배울 것이 있다고 말한다. 그는 직원들에게 가장 해주고 싶은 것이 직원들의 실력을 향상시키는 것이라고 말한다. 앞으로의 사회는 끊임없이 학습하지 않으면 도태되는 사회가 될 것이라는 것이 그의 철학이다.

강정호 전 선물거래소 소장은 공직생활의 대부분을 재정경제부에서 보냈고, 10년 가까이 국제 업무를 맡아 했다. 국제관세협력이사회 상주대표, 국제통화기금 대리 이사 겸 상주대표를 맡으면서 자연스럽게 국제 감각을 키웠다. 따라서 그의 눈은 글로벌 스탠더드에 맞춰져 있다. 그는 1999년 코스닥증권거래소 사장에 취임하면서 직원들에게 나스닥에 버금가는 세계적인 신흥 주식시장을 만들어보자고 말했다. 그 후 시행착오도 있었지만 많은 발전을 이루어 오늘날 그의 희망대로 세계적인 주식시장이 되었다.

강정호 전 선물거래소 소장의 리더십은 주도적인 사고방식을 선호하는 서구적인 리더십이다.

리더십의 특징

구성원들의 업무 성과를 자기 구현의 성과로 삼아야 한다는 철학과 주도적이고 창의적인 가치 창출에 근거한 우선순위 설정, 그리고 과감한 인센티브제에 기초를 둔 성과주의의 접근방식 등에서 차별화된 경쟁력에 가치를 두는 리더들의 면모와 함께 서구적인 리더십의 패턴을 읽을 수 있다.

브랜드 리더의 성공 조건

최고도 언젠가는 깨지게 되어 있으며, 최상도 언젠가는 무너지게 되어 있다. 그러나 최초는 영원히 깨어지지 않는 기록이다. 남들이 생각하지 못하는 일을 처음 발견해내는 것은 그만큼 가치 있는 일이다. 다양성이 경쟁력인 미래는 창의성이야말로 경쟁력의 원천이다.

브랜드 리더로 성공하기 위해서는 남들이 애써 찾아낸 새로운 방법을 비판하지 말고 칭찬하고, 새로운 시도를 칭찬해야 한다. 서로 칭찬하고 칭찬받는 가운데 리더 자신도 어느덧 창의성이 강한 리더가 되어 있을 것이다.

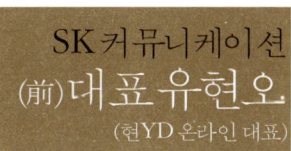

SK 커뮤니케이션
(前)대표 유현오
(현 YD 온라인 대표)

섬세한 추진력을 갖춘 리더

유현오 SK커뮤니케이션즈 사장이 오늘의 CEO 자리에까지 오를 수 있었던 것은 변화하는 세상 속에서 미래를 위해 해야 할 일을 찾았고, 그것을 풀어갈 방법을 열심히 연구했기 때문이다.

대학을 졸업하고 그가 처음 입사한 곳이 유공이었다. 당시 최고의 직장이었지만 7년 동안 근무한 그는 변함이 없는 업무에 지쳐갔다. 그는 무엇인가 변화를 바라고 있었다. 그런 그에게 마침 기회가 찾아왔다. 그는 민간이동사업신청을 위한 데스크포스팀에 지원하게 됐다. 주위에서는 잘될지 어떨지 모르는 곳에 왜 가려 하느냐고 했으나 그는 정보산업이 미래의 주도산업이 될 것으로 확신하고 있었다. 미래를 준비하기 위해서 그는 정보기술 산업에 대한 지식이 필요하다고 깨닫고 미국으로 떠났다. 미국 미시건 주립대학교에서 음성통신뿐만 아니라 다양한 미디어를 연결하는 비즈니스에 대해서 공부한 그는 텔레커뮤니케이션 박사 학위를 받았다. 이를 바탕으로 그는 귀국 후 SK텔레콤에서 전략기획 담당 일원으로 다양한 업무를 수행했다. 그러는 과정에서 그는 전략기획통으로 불렸지만, 또 한 번의 변화의 필요를 느꼈다.

그는 2004년 3월에 CEO에 취임했다. 하지만 그는 이미 SK텔레

콤 인터넷 전략 본부장과 경영전략실장 시절부터 SK커뮤니케이션의 성장을 사실상 주도하였던 것이다.

리더십의 특징

싸이월드의 돌풍을 일으키며 인터넷 포털 업계에서 삼각 축을 형성해가고 있는 유현오 사장의 리더십 특징은 섬세한 추진력을 갖춘 도전정신이다. 치밀하면서도 은근한 뚝심을 발휘하기 때문에 리더십의 리듬 강약 조절에 능숙한 리더라고 보아야 할 것이다. 유현오 사장의 리더십에서 세부적인 강점은 역시 치밀한 추진력, 그 밖에도 전략적 사고 등이라고 할 수 있다. 그는 지략적인 면모가 상당히 강하다는 평을 듣는다. 리더십의 기반이라고 할 수 있는 신뢰도에서도 높은 평가를 받고 있다.

준비하는 리더의 성공 조건

한국 리더들의 가장 큰 약점 중의 하나가 바로 의견수렴이다. 급한 성격 탓에 신속성이 강한 반면 참고 인내하는 것에는 익숙하지 않다. 우리나라는 예로부터 토론 문화가 많이 정착되어 있었으며, 오늘날에는 더욱 강화되고 있는 추세이다. 모든 유형의 리더들도 마찬가지지만, 특히 자신의 성실성을 바탕으로 조직을 끌고 가는 리더에게는 의견수렴은 반드시 지켜야 하는 과제이다. 이러한 리더로서 성공하기 위해서는 시스템을 만들어 의견수렴하는 방법을 찾아야한다. 모든 것을 제 손으로 하는 방식을 탈피하여 여러 계층의 의견을 수렴하는 기능을 활용해야 한다. 리더 한 사람이 아니라 조직이 의견을 모으고 미래를 준비하는 구도를 만들어야 한다.

03

강한 추진력으로
밀고 나가는 파워 리더

탱크처럼 밀어붙이는 스타일로 목표달성에 유리한 파워 리더십은
책임감이 강한 한국 리더들의 대표적인 모습이다.

이런 리더는 통솔력에 핵심이 되는 영향
력, 즉 리더십 파워에 초점을 맞춘다. 이들은 탱크처럼 밀어붙이는
스타일이다. 이런 리더들은 리더십을 발휘하는 과정에서 성공적으
로 영향력을 행사하기 위해 다양한 방법을 동원한다. 우선 솔선수범
하다 그것이 안 통하면 제안을 한다. 제안을 해도 안 통하면 설득하
며, 설득이 안 통하면 강요하는 것도 마다하지 않는다. 그들에게는
목표 달성이 중요하기 때문이다.

탱크처럼 밀어붙이는 스타일로 목표달성에 유리한 파워 리더십은
책임감이 강한 한국 리더들의 대표적인 모습이다. 일단 목표가 정해
지면 해결사의 기능을 충실히 해낼 수 있는 경영자들이다.

파워리더 하면 우선 생각나는 것이 정치 면에서는 박정희 전 대통령을 들 수 있고, 경제 분야에서는 정주영 전 현대그룹 회장을 들 수 있다. 이들은 하나같이 파워를 가지고 일을 강력하게 추진했다.

파워 리더는 통솔력에 초점을 맞춘다. 통솔력을 발휘하기 위해서 모든 수단을 동원한다.

산전수전 모두 겪은 파워 리더

2003년 워크아웃 졸업과 함께 부실기업의 불명예를 극복하고 부활한 대우인터내셔널의 이재용 사장은 '대우맨'이라는 이름의 프라이드를 지켰다는 자부심에 마음이 고무되어 있다.

대우인터내셔널은 워크아웃에 들어간 (주)대우로부터 분리할 당시만 해도 회생이 불가능할 것처럼 보였다. 당시 부채율은 940%, 채무액은 1조 3천억 원이 넘었기 때문이다. 그러나 지난 2003년에 4조 1300만 원의 매출과 529억 원의 순이익을 올려 완전히 정상화되었을 뿐만 아니라 초우량 글로벌 기업으로 거듭났다. 임원들과 과장급 이상 직원들이 일심단결하여 오직 명예를 회복한다는 일념으로 밤낮없이 뛰었다. 덕분에 6천 개 이상의 국내외 거래선을 유지할 수 있었다.

회사를 살리기 위해 이재용 사장은 솔선수범하였다. 직접 국내외의 주요 거래선을 일일이 만나 지속적인 비즈니스를 약속받는 등 거래선을 유지하는 데 심혈을 기울였다. 그는 파워 리더답게 계획한 일을 강력히 추진해나갔다. 월례조회를 부활시키고 주말마다 직원들과 함께 북한산을 등반한 것도 CEO로부터 직원까지 혼연일체가 되기 위한 노력이었다. 그러한 피나는 노력의 결과 오늘의 대우인터내셔널을 살릴 수 있었던 것이다.

이재용 사장은 1972년 서울대 상대를 졸업한 후 한국은행에서 근무하다가 대우에 합류했다. 그는 총성 없는 전쟁터인 수출 현장에서 괄목할 만한 업적을 냈다. 특히 말레이시아 정부에 탱크 111대를 판매하는 놀라운 업적을 세우기도 했다.

그는 요사이 직장에서 널리 회자되고 있는 '상사맨'에 대해서도 분명하게 정의를 내렸다. 상사맨은 상사가 지시하는 대로 움직이는 부하가 아니라 업무 전 과정을 자신의 아이디어로 진행하는 사람이라는 긍정적인 해석을 하는 사람 중의 하나이다.

리더십의 특징

이재용 사장의 리더십은 우리나라 리더들의 대표적인 타입이라고 할 수 있는 파워 리더십이다. 그러나 무작정 밀고 나가는 그런 타입이 아니라 땀과 열정이 담겨 있는 파워 리더십이다. 지금까지 그의 경영 스타일이나 여정을 볼 때 그의 리더십의 많은 부분에서는 파워 리더십이 존재하고 있으나, 변화하는 경쟁 환경에 대응하기 위해 많은 시도를 하며 다양한 색깔의 리더십이 내포되었다고도 볼 수 있다. 그의 세부적인 자질을 살펴보면 파워 리더십답게 '성실', '열정', '책임감', '통솔력' 등이 강하다. 회사를 살리는 과정에서 그의 결단력이 그의 리더십을 파워 리더십으로 규정짓게 한 것으로 보인다.

이재용 사장의 파워 리더십은 시련을 배경으로 도출되었다고 할 수 있다. 1997년 워크아웃 경영체제에 들어간 후에 78개의 해외법인을 56개로 축소시키고, 본사의 인력도 15%나 감축하는 등 구조조정을 단행했다. 의당 파워 리더만이 할 수 있는 일이며, 이런 일을 신속하게 할 수 있는 강인함이 그에게 있었기에 가능했다고 할 수 있다.

2004년까지 화장품 업계는 태평양과 LG생활건강이 양대 축을 이루는 형태였다. 그러나 초저가 화장품을 내세운 '미샤'는 멋쟁이들의 패션 필수품을 바꾼 주역이 되었다. 미샤 에이블 C&C는 1천 억대의 매출을 올리면서 화장품 혁명을 가져왔다. 2004년 여성들의 경제활동이나 참여가 높아지면서 여성 네티즌들이 탄생하게 되었다. 미샤 에이블 C&C의 서영필 사장은 2004년에 여성 포털 사이트 뷰티넷(www.beautynet.co.kr)을 열었다. 사이트 홍보를 위해 화장품을 무료로 주는 이벤트를 실시하자 무려 1천 명이 신청하여 배송료가 문제가 되었다. 그러자 사이트에 신청한 여성들이 배송료 3천 원을 내겠다는 제의를 했다. 이 일이 계기가 되어 3,300원(부가세 포함)짜리 화장품이라는 말이 생겨났다.

온라인으로 시작한 사업이 오프라인과 통합하면서 놀라울 정도로 발전했다. 명동 1호점이 개점하면서 매점 신청자가 급증했다. 단독 매점을 개장한 지 6개월 만에 100호 점포가 문을 열었고, 1년 만에 200호 점포가 들어섰다. 미샤 신드롬을 일으킨 서영필 사장은 피죤 중앙 연구소에서 화장품 개발을 담당했던 엔지니어 출신이다. 1977년 '입스'라는 화장품 브랜드를 만들었으며, 1988년에는 화장품 생산 공장을 설립했다.

리더십의 특징

미샤 서영필 사장의 리더십 특징은 파워 리더십이다. 그는 주어진 목표는 기어코 달성하는 경쟁력을 갖춘 리더이다. 열정, 추진력, 통솔력과 같은 리더십 자질이 강한 전형적인 파워 리더다. 게다가 방향 설정의 능력까지 갖추었다는 것이 그의 큰 장점이라 할 수 있다. 반면에 그도 역시 파워 리더들의 약점인 의견수렴, 인간중시, 겸손에 대해서는 낮은 평가를 받고 있다. 강력한 파워 리더는 단기성과를 얻는 대신, 조직문화 측면에서 잃는 것도 많다. 의견수렴 수준이 약하여 구성원들 사이에 소외감과 거리감이 존재할 수 있다.

파워 리더의 성공 조건

한국 리더십의 절대적인 필요조건은 열정과 성실이다. 즉 솔선수범할 수 있는 자만이 리더의 반열에 오를 수 있다는 것이다. 이런 조건은 리더로서 부담이 될 수도 있다. 그러나 이런 추세는 앞으로 계속될 전망이다. 중요한 것은 솔선수범은 자신이 좋아하는 일을 할 때만이 가능하다는 점이다. 따라서 리더로서 성공하기 위해서는 포지션을 추구하지 말고 자신의 가치관에 맞는 리더로서의 역할을 찾아야 한다. 눈앞의 이익보다는 자신이 진정으로 열정을 쏟을 수 있는 리더의 길을 택해야 한다.

04

사람을 아끼는
지식형 리더

핵심인재를 양성하여 계열회사를 맡기는 접근 방식은
사람을 아끼는 지식형 슈퍼 리더의 모습이다.

지식형 리더는 인재를 교육시키고 양성하는 것을 최우선으로 한다. 그리하여 그들은 인재 교육에 많은 투자를 아끼지 않는다. 지식형 리더는 조직원 모두가 자신을 스스로 리드할 수 있는 리더로 만들고, 조직 내에서 어느 한 사람의 리더로 인해서 조직이 움직이는 것보다 조직을 통해서 회사가 굴러가도록 하는 조직 문화를 선호한다. 이런 리더는 구성원의 개인적 능력을 중시하며, 스스로 알아서 한다는 정신을 강조한다. 이런 유형의 리더들은 본인 스스로 그런 성장 배경을 가졌으며 리더십을 발휘할 때에도 그런 성향을 추구한다. 교육과 훈련을 통한 인재육성을 강조하여 학습하는 조직문화를 만든다.

좋은 기업이 되기 위해 필요한 것은 기술과 좋은 아이템, 그리고 자본이다. 그러나 이런 것들보다도 중요한 것이 있으니 그것은 바로 사람이다. 이러한 생각을 가진 것이 지식형 리더들의 공통적인 특징이다.

실력 있는 인재들을 이끌어갈 기업정신을 강조한 리더

　　로커스 대표 김형순 사장은 진정한 벤처인으로 튀는 아이디어와 열정적인 도전정신으로 승부하는 리더이다. 그가 가장 신경 쓰는 부분이 실력 있는 인재를 이끌어갈 기업정신과 시스템이다. 좋은 사람에 대하여 그들을 묶어내고 에너지를 불어넣어줄 기업정신과 시스템만 있으면 아이템도, 훌륭한 기술도 저절로 따라온다는 것이 그의 소신이다.

　　로커스는 사업 초기 직원이 70명에 불과했을 때에도 전사적 관리 시스템을 구축해놓고 있었으며, 성과급제도의 경우에는 수차례에 걸친 워크숍을 통해 내부적 동의를 구했다. 또 교육담당자를 구하기 위해 무려 2년 동안이나 물색하고 다녔다. 각 사업별로 일류가 될 수 있을지에 대한 깊은 토의와 사안 분류, 방향 설정 등도 치열하게 전개해나갔다. 로커스기업은 국내 컴퓨터전산통합(CTI) 기반 콜센터 시장의 80%를 점유하고 있는 회사다. 로커스 태국 법인도 콜센터가 주 아이템이다. 진출한 지 3년 만에 현지 시장의 50%를 점유했다.

리더십의 특징

인재육성을 최우선으로 하는 슈퍼 리더인 로커스 대표 김형순 사장은 벤처기업의 모델이 어떠해야 하는가를 보여준다. 부침이 심한 벤처기업을 아직도 지켜나가고 있는 그의 경력이나 독특한 리더십을 보면, 그의 리더십에서는 주도적인 태도와 명확한 목표 확립이 돋보이는 반면, 직선적 접근 방식이나 의견수렴의 면에서는 부족하다는 인상을 받는다. 그만큼 자신의 개성을 살리는 리더십을 발휘하고 있다고 볼 수 있다.

인재육성을 위주로 하는 리더의 공통적인 특징으로 열정적인 면도 가지고 있다. 지식형 리더십의 강점은 역시 구성원들의 역량 강화에서 찾아볼 수 있다. 직원들에게 영어와 중국어를 공부하라고 권하면서 경비를 적극 지원하고 있다. 핵심인재를 양성하여 계열회사를 맡기는 접근 방식은 사람을 아끼는 지식형 슈퍼 리더의 모습이다. 외국에 현지법인을 만드는 등 사장은 새로운 길을 모색하고 구성원에게는 스스로의 주인이 되어 따라오라고 강조한다.

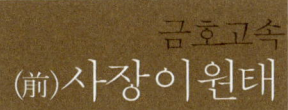
관행을 깨 위기를 탈출한 슈퍼 리더

택시 두 대로 시작해서 오늘날 재계 10위권에 든 금호아시아나 그룹에서 금호고속은 한때 돈을 벌어다 주는 황금알 역할을 했다. 그러나 최근에 자가용 수요가 꾸준히 늘어나고 있는 데다 2004년 KTX가 개통되면서 승객이 급감했다. 그리하여 업계는 초비상 경영에 들어갔다.

그러나 금호고속의 이원태 사장은 KTX 개통으로 맞은 위기를 틈새시장을 공략하여 돌파했다. 일반 철도가 줄어들어 철도 이용이 불편해진 승객들을 재빠르게 흡수하면서 지선 개발 등을 통해 승객을 다시 끌어 모으는 데 성공했다.

2002년 이 사장은 대표이사로 취임하면서 서비스 혁신을 내걸었다. 비가 오더라도 반드시 세차를 한 후에 운행하도록 했고, '입영버스', '월요일출근버스', '여성전용버스' 등 한 발 앞서간 테마버스로 승객을 찾아갔다.

한편으로 이 사장은 그동안 고속업계에 만연된 기존의 관행을 깨는 데 주력했다. 업계에 몸담은 사람들에겐 아주 당연한 것도 그의 눈에는 불합리한 것으로 비쳤기 때문이다. 그 중에 좋은 예가 비 오는 날에도 세차를 하게 하는 것이었다. 그 결과 운전기사들의 마인드가 좋아졌고, 몸가짐도 이전과는 많이 달라졌다고 한다.

기존의 업계 관행을 유지하더라도 크게 문제가 없는데도 그가 스스로 문제점을 찾아내어 변화를 주도하는 이유는 무엇일까? 업계 1위를 유지하고 있으면 당연히 직원들은 자만심을 갖게 된다. 업계 특정상 쉽게 망하지 않는다는 것을 알고 있는 직원들은 자연히 나태하고 안일한 분위기에 빠지게 되는데 그는 이러한 분위기를 직접 느꼈던 것이다.

리더십의 특징

서민들의 발이 되고 있는 금호고속의 이원태 사장. 그의 리더십의 특색은 지식형 슈퍼 리더라는 점이다. 이는 지식형 리더로서 변화 대응 능력이 탁월한 CEO라는 의미이다. 세부적으로는 창의력, 책임감, 통솔력, 협상 능력 등이 뛰어나 동서양 리더십의 핵심요소를 골고루 갖추고 있다는 평이다. 특히 대인관계에 강해서 인적 네트워크 관리에 강한 면모를 보인다. 반면에 의견수렴, 겸손, 포용력에서는 상대적으로 낮은 평가를 받는다. 리더의 자신감과 과감한 행보가 구성원에게 부러움과 더불어 특별한 사람이라는 이미지를 주는 모양이다. 운송업의 리더는 시스템적 문화에 강한 것이 보편적이다. 전국 방방곡곡을 연결하는 사업구조를 추구하고 있으므로 자연스럽게 다각적으로 사고하는 습성에 익숙해지곤 한다. 한국적인 파워 리더의 정서가 강하면서도 합리성을 중시하는 슈퍼 리더의 정체성을 보이는 이 사장도 그런 종합적인 사고방식이 돋보인다. 경영에 대한 해박한 지식으로 품질, 고객만족, 환경 등 변화에 대응하는 혁신 개념의 도입에도 거칠 것이 없다. 근본적인 원리를 꿰뚫어보면서도 구성원이 성과에 몰입하도록 적기에 구심점을 잡아주고 있다. 슈퍼 리더는 인재 양성이 장기적인 성공 여부를 좌우한다.

지식형 리더의 성공 조건

일반인과 CEO의 커다란 차이 중의 하나가 바로 커뮤니케이션 능력이다. 리더나 CEO들은 자신을 전달하는 능력이 뛰어나 스스로의 가치를 높인다. 당신이 리더로서 열심히 일했는데도 좋은 보상을 받지 못하여 억울하다면 커뮤니케이션 능력을 검토해볼 필요가 있다. 커뮤니케이션은 꼭 언어의 표현력을 의미하지는 않는다. 자신의 역량을 브랜딩하는 데 눈을 떠야 한다. 그런 면에서 리더로서 자신의 특성을 아는 것은 자신을 브랜딩하는 데 필요한 수단이 될 수 있다. 화합이 필요한 시기에는 이에 강한 리더를 찾기 마련이다. 추진력이 필요한 경우에는 탱크처럼 밀어붙이는 리더를 요구한다. 따라서 자신의 커리어에 대한 목표를 세우고, 거기에 걸맞은 커뮤니케이션의 방식을 모색하고 그에 대한 학습도 해야 할 것이다.

05

미래를 꿈꾸는
비전 리더

비전을 제시한다는 것은 구성원들에게 방향을 제시하는 능력이 있다는 것이다.
비전 리더는 먼 미래에 대한 방향을 제시하는 사람이다.

　　　　　　　비전 리더는 비전을 자신은 물론 기업의
제일 목표로 삼고 그것을 향해 나아가는 리더이다. 먼 미래를 향해
방향을 제시하는 비전 리더의 대표라 할 수 있는 월트 디즈니는 삶
속에서도 다가올 미래 모습을 그리면서 살았다고 그의 부인이 말했
다. 월트 디즈니처럼 미래를 꿈꾸는 비전 리더는 오늘의 현실보다
먼 미래를 바라보며 생활한다. 구성원들이 비전 있는 리더의 비전을
함께하는 조직은 매우 강하다. 모든 구성원이 미래를 향해 나아가기
때문이다.

　미래를 바라보는 비전 리더는 조심스럽게 발을 내딛는다. 그러나
그들은 미래에 대한 꿈을 잃지 않는다. 여기 우리나라 CEO로서 미
래를 바라보고 경영해온 두 리더를 소개한다.

자신의 강점을 극대화한 리더

엠텍비전의 이성민 대표는 자신의 강점을 극대화하는 것이야말로 21세기식 생존방식이라고 생각한다. 임텍비전은 카메라폰의 핵심 부품인 '카메라 컨트롤 프로세서(CCP)' 전문업체다. 기술로 먹고 사는 연구개발(R&D) 중심 기업으로, 국내 시장의 절반 이상, 세계 시장의 15%를 차지하고 있다.

이 대표는 전자공학 전공으로 대학원을 졸업한 후 10년 동안 대기업에서 연구원 생활을 했다. 그는 카메라에 관심이 많아 카메라 칩한 가지에 몰두했다. 그는 열심히 연구했으나 시장에서의 결과는 불확실했다. 그는 자신이 모든 것을 책임지기 위해 연구원 자리를 나와 창업에 뛰어들었다. 연구결과를 제품개발에 발 빠르게 반영시키기 위해서도 그는 대기업 체제보다는 벤처가 더 바람직하다고 생각했다.

맨손으로 나와서 혼자 시작한 일이 쉬울 리가 없었다. 그에게는 자금도 인맥도 없었다. 언젠가 자신의 사업이 잘되면 함께 연구하던 동료를 부를 생각이었다. 그런데 고생하던 그에게 옛 동료들이 하나둘씩 모여들기 시작했다. 똑똑한 후배들도 있었고, 그냥 퇴직하고 합류한 사람들도 있었다. 그의 만류에도 불구하고 친한 동료는 그동안 다니던 회사를 그만두고 그와 함께 일을 하겠다고 했다. 이제 그

친구는 엠텍비전에 없어서는 안 될 인물이 되었다.

리더십의 특징

엠텍비전 이성민 대표 리더십의 특징은 미래를 바라보는 비전 리더라는 점이다. 리더로서 또 개인적으로 가장 중요한 요소인 신뢰가 높은 수준이어서 그는 리더십의 기반이 탄탄한 CEO라고 할 수 있다. 창의성, 의견수렴, 겸손, 도덕성도 높아 성공적인 리더가 갖추어야 할 핵심 요소를 모두 가졌다고 평가된다. 기존 세대 경영자의 강점인 성실과 열정을 갖추지 않고도 좋은 리더로서 인정받고 있다는 점에서 젊은 세대들에게 희망이 되기도 한다. 이는 IT세대의 리더 역할이 바뀌고 있음을 의미하며, 이 대표가 바로 그런 변화의 주역이 된 것이다.

분명한 방향 제시로 승부하는 리더

　날로 치열해지고 있는 국내 수입차 시장에서 돌풍을 예고하고 있는 유승엽 더클래스 효성 사장이 지금까지 걸어온 길을 보면, 그는 한마디로 할 수 있다는 신념으로 성공한 리더이다.

　유 사장은 2004년 8월에 메르세데스-벤츠 딜러 회사인 더클래스 효성 사장으로 취임했다. 20년 이상 SK그룹에서 일하면서 뛰어난 추진력과 사업 감각을 인정받아 효성 그룹의 수입차 판매회사 CEO로 발탁된 것이다.

　중앙대 건축공학과를 졸업한 그는 월급을 많이 준다는 이유로 주저 없이 유공에 취직했다. 그는 공대를 졸업했음에도 불구하고 마케팅 부서에 일하게 해달라고 상사를 졸라 결국 마케팅 분야로 들어갔다. 이때부터 유 사장은 자신의 실력을 유감없이 발휘하면서 승승장구했다. 그는 일하는 부서마다 적자를 흑자로 돌렸다. 그 결과 동기 중에서 가장 먼저 승진하였으며, 한국의 대기업과는 절대로 거래하지 않는다는 일본 도요타의 방침을 깨고 렉서스 수입을 성사시키기도 했다. 그런 능력의 원동력에 대해서 그는 자신의 콤플렉스가 오히려 추진력이 되었다고 말한다. 비명문대 출신으로 명문대 출신들을 이기기 위해서는 오로지 실력뿐이라고 그는 생각했던 것이다.

리더십의 특징

　유승엽 사장 리더십의 특징은 미래를 내다보는 비전 리더십이다. 이런 리더십의 특징은 구성원들이 리더를 믿을 때 발휘하게 되는데, 유 사장은 그만큼 구성원들로부터 신뢰와 인기를 얻었다는 증거다.

　유 사장은 새로운 프로젝트를 맡았을 때 경력사원의 경력보다 젊은 사원들의 새로운 발상과 일에 대한 주도적인 태도를 더 높이 평가했다. 그러한 역동적인 리더십이 직원들에게 더욱 활력을 불어넣는 효과를 가져온 것이다. 유 사장의 세부적인 기질로는 미래를 보는 비전 리더에게 흔히 볼 수 있는 '비전', '창의력', '열정' 그리고 '직선적인 성격'을 들 수 있는데, 명확한 판단으로 구성원들에게 솔직하게 다가서는 리더십의 전형적인 모습이다. 마케팅에 강한 경영자는 핵심 성과에 익숙하다. 다시 말해서 돈이 되는 것과 돈이 되지 않는 일에 대한 감각이 탁월하다. 유 사장도 그런 핵심 가치 중심의 리더십이 강하게 나타나는 사람이다. 그는 도전정신으로 무장한 영파워로 핵심 가치 창출을 도모하고 있다.

비전 리더의 성공 조건

　비전을 제시한다는 것은 구성원들에게 방향을 제시하는 능력이 있다는 것이다. 비전 리더는 먼 미래에 대한 방향을 제시하는 사람이다. 물론 어떤 성향의 리더도 방향 제시를 하지만, 비전 리더처럼 분명하게 제시하지는 못한다.

비전 리더는 올바른 방향을 제시하지 못하면 한쪽 날개를 잃은 것과 마찬가지다. 탁월한 CEO는 올바른 방향 제시를 가장 우선시한다. CEO는 닥쳐올 미래의 모습을 상상할 수 있어야 하고, 그것이 일생 동안 그가 이룩해야 할 과업으로서 중요한 요소가 되어야 한다. 또한 상상한 것을 명료하게 표현할 수 있어야 한다.

06

변화를 중요시하는
변혁의 리더

변혁적 리더는 상황 대응능력이 탁월하며 유연성과 통솔력이 뛰어나다.
그들은 변화관리에 능동적으로 움직이는 경영자이다.

변혁의 리더는 오늘과 현실에 만족하지 않고 보다 나은 내일을 위해서 '변혁'을 강조한다. 변혁 리더로는 삼성그룹 이건희 회장을 들 수 있다. 그는 항상 변혁을 강조하며, 변화되지 않으면 생존할 수 없다고 말한다. 변혁 리더는 장기적인 비전을 제시하고, 그 비전을 성취할 수 있다고 조직원들에게 자신감을 불어넣어주며, 전념을 다하도록 강조한다.

변화를 중시하는 리더는 구성원을 끊임없이 지적으로 자극하고 격려하여 그들의 의식과 가치관 그리고 태도를 혁신시키려고 노력한다. 이런 리더들은 장기적인 비전을 제시하고 함께 매진할 것을 호소한다. 특히 비전을 설정할 뿐만 아니라 성취할 수 있다는 자신감을 고취시키고 구성원들로 하여금 자신의 발전에 전념하도록 만들어준다. 여기 그 대표적인 두 CEO를 소개한다.

백금T엔A
대표 임학규

자신의 가치관에 충실한 변혁적 리더

　백금정보통신사는 차량용 레저딕텍터 전문 제조업체다. 레저딕텍터란 차량 속도 측정기를 탐지해 과속을 예방하고, 안개나 소나기 등을 알려줘 운전자의 안전을 제고하는 장치다. 백금정보통신은 이 분야에서 미국 시장의 절반 이상을 차지해 시장점유율 1위를 기록하고 있다. 일본 시장에서는 2위이며, 창업한 지 7년 만에 연 매출 500억 원대의 알짜 기업으로 성장했다.

　임학규 사장은 1991년 대학을 졸업한 후 종합상사 SK글로벌에 입사했다. 그러나 그는 월급쟁이로 머물고 싶지 않았다. 그에게는 꿈이 있었기 때문이다. 그는 그 꿈을 이루기 위하여 그때부터 차근차근 준비해나갔다. 준비하는 자에게만 행운이 온다고 생각했기 때문이다. 그는 인맥과 거래선을 쌓아갔다. 종합상사에 근무하다 보니 다양한 종목을 취급할 수 있었다.

　그러던 어느 날 드디어 '레이저디텍터'를 접하게 된다. 하지만 섣불리 뛰어들지 않았다. 그 종목은 기술력이 담보되어야 하는 것이었기 때문이다. 그래서 그는 국내 최고 기술자를 구했다. 다행히 그는 국내 최고의 기술자 두 사람을 만나게 되었다. 그런 다음 그는 발로 뛰며 업계 현황뿐 아니라 5개년 사업 계획을 미리 세웠다. 그리하여 그는 사업 첫해에 흑자를 내는 기적 같은 일을 이루었다. 착실한 준비를 한 데다 행운까지 따랐던 것이다. 유력한 경쟁자였던 일본의 한 업체가 불황으로 부도를 만났고, 하청업체인 국내의 여러 업체들도 IMF를 맞아 쓰러졌다. 반면에 자체 생산체제를 가지고 있던 백금정보통신은 환율상승으로 수출의 날개를 달게 되었다.

임학규 사장은 레이저디텍터에 만족하지 않고 또 다른 도약을 준비하고 있다. 산업용 무전기 분야에 진출한 그는 역시 빠른 시일 내에 일본 업체를 누르겠다는 포부를 가지고 있다. 그는 막연한 희망을 말하지 않는다. 자신감이 넘치고 미래에 대한 명확한 플랜을 가지고 말한다. 그리고 착실하게 준비한다. 그에게는 '모험'이란 단어는 없다. 오로지 가능성 있는 일에 대한 도전이 있을 뿐이다.

리더십의 특징

임학규 사장의 리더십 특징은 한마디로 변혁적 리더십이다. 변혁적 리더는 상황 대응능력이 탁월하며 유연성과 통솔력이 뛰어나다. 그들은 변화관리에 능동적으로 움직이는 경영자이다. 변혁적 리더로서의 약점인 의견수렴의 부족은 그에게서도 엿보이는 부분이다. 이것은 변혁적 리더들이 갖는 약점인 인내심 부족을 의미하는 것이기도 하다. 임학규 리더십의 또 하나의 특징은 역지사지(易地思之)의 경영철학에서도 잘 나타나는데, 그는 '나보다는 남을 먼저 생각한다'는 마음으로 함께 회사를 만들어가자고 구성원들에게 역설한다고 한다. 편협함에서 벗어나 열린 마음으로 세상을 본다는 뜻이다.

신현규 사장은 금융계에서 최고의 '영업맨'으로 불린다. 은행에서 시작해 증권사, 투자금융사, 종합금융사 등을 거쳐 저축은행에 이르기까지 국내 금융업을 빼놓지 않고 거쳐왔는데, 어디에서 근무하든 그의 주된 업무는 영업이었다. 그의 영업 실력은 탁월하다. 1995년 신한투금에서 강남본부를 개설했을 때 첫 본부장을 맡아 1년 만에 기존 금융회사 강남지점을 제치고 실적 1위를 달성했으며, 현대스위스저축은행 대표로 있을 때는 3년 만에 총 자산을 900억 원에서 5000억 원으로 끌어올리는 기적을 일으켰다. 또 토마토상호저축은행 사장으로 취임한 2003년 9월 초 불과 한 달 보름 만에 수신과 여신을 각각 60% 이상 늘려 금융계의 비상한 관심을 모으기도 했다.

그의 이런 놀라운 업적의 비결은 무엇일까? 그에 의하면 '돈이 아니라 사람을 모아야' 한다는데, 사람을 모으기 위해서는 '신의와 성실의 원칙'만 지키면 된다고 한다.

리더십의 특징

신현규 사장의 리더십의 특징은 성실, 열정, 통솔력이 돋보이는 변혁적 리더십이라는 점이다. 전통적으로 기성세대들이 강한 리더십의 특징이 두드러진다. 반대로 e-비즈니스 리더들이 강하다는 유머나 직설적 화법, 경쟁심 그리고 유연성 부분에서는 약하다고 알려져 있다. 신 사장에게는 금융계의 대부분의 리더들에게서 보이는 보수적인 이미지가 느껴진다고 한다. 하지만 혁신적 리더로서 방향 설정 제시에는 탁월하다는 정평이다.

변혁적 리더의 성공 조건

미래는 깨끗한 사람이 주인공이 된다. 조직의 크기를 떠나 도덕적으로 자신을 관리하지 않으면 리더로서 성공할 수 없다. 이제 시대가 바뀌어 국민 모두가 무엇보다도 깨끗한 리더를 원하기 때문이다. 우리나라는 고도성장 과정에서 저지른 잘못된 관행을 크게 반성하고 있기 때문에 윤리적으로 혹은 도덕적으로 그만큼 리더로서의 중요한 자질로 부각되고 있기 때문이다. 리더로서 성공하기 위해서는 조그마한 인정에 끌려서 흔들려서는 안 된다. 오늘날 한국에서 리더로서 성공하기 위해서는 도덕성에 흠집이 있어서는 안 된다. 리더로서 성공을 꿈꾸는 사람은 누구나 "사자는 썩은 고기는 먹지 않는다"라는 격언을 새겨야 할 것이다.

탱크처럼 밀어붙이는 스타일로 목표달성에 유리한 파워 리더십은
책임감이 강한 한국 리더들의 대표적인 모습이다.

Part 09

글로벌
기업에서
CEO의
리더십

글로벌 기업에는 독특한 기업문화가 있다

01

겸손한 자세로
먼저 다가간다

글로벌 기업에서 근무하는 CEO로서 성공하기 위해서는 원활한
의사소통을 통해 관계를 형성하고 구성원들을 포용해야 한다.
그러기 위해서는 몸을 낮추는 겸손함이 필요하다.

글로벌 기업은 사람으로 말하면 이방인
이다. 나라마다 조금씩 차이가 있으나 어디를 가나 외국인에 대한
이질감과 배타성은 있기 마련이다. 우리나라도 글로벌 시대를 맞아
예전에 비해서 많이 순화되었으나 아직도 이질감이 남아 있다. 특히
세대에 따라 약간의 차이는 있으나 역사적으로 좋지 못한 관계에 있
는 나라에 대해서는 배타성이 매우 강하다.

이런 특수성으로 인해서인지는 모르나 세계화 시대에 글로벌 기
업의 CEO에게서 가장 많이 나타나는 것은 섬기는 리더십이다. 절반
가까이가 탱크처럼 밀어붙이는 파워 리더인 우리와는 다른 현상이다.

글로벌 기업에서 근무하는 CEO로서 성공하기 위해서는 원활한

의사소통을 통해 관계를 형성하고 구성원들을 포용해야 한다. 그러기 위해서는 몸을 낮추는 겸손함이 필요하다.

격의 없는 방식으로 접근하는 실용적 리더십

인터넷 네트워킹 통합 분야의 리더인 시스코시스템즈 코리아의 김윤 (前)사장은 박람회 부스 하나 정도 크기의 집무실에서 근무한다. 최고 경영자의 집무실이 너무 화려하고 크면 직원들에게 위화감을 조성하여 쉽게 소통할 수 없다는 이유에서다. 그뿐만 아니라 경영진보다 직원들을 더 배려하여 전망이 좋은 창가의 사무실은 거의가 직원들이 사용하고 있다.

생활용품에서 앞서가는 한국 P&G의 김상현 사장은 아예 사무실도 없다. 대신 점심시간이나 휴식시간에 부지런히 각층을 돌아다니며 직원들과 대화를 나눈다. 직원들이 무슨 생각을 하고 있으며, 원하는 것이 무엇인지 알기 위해서이다. UPS 한국 사장을 겸하고 있는 UPS 대한통운의 장병수 (前)대표는 비서도, 운전기사도 없다. 전화도 직접 받고, 메일도 직접 체크한다. 미래에셋자산운용사 곽태현 (前)사장도 비서가 없다. 명함에 적힌 전화번호로 전화를 하면 "안녕하세요, 곽태현입니다" 하는 목소리가 흘러나온다. 특히 그는 모든 직원들과 원활한 의사소통을 위해 이동식으로 된 자신의 책상을 사무실 한가운데 놓고 일한다. 글로벌 기업에서 일하는 CEO는 하나같이 직원들과 원활한 의사소통을 위해 격의 없는 방식을 택하며, 실용적 리더십을 연상케 하는 접근방식을 취하고 있다.

　이것은 아마도 글로벌 기업에서 성공하기 위해 필요한 방식인지도 모른다. 그로 인해서 그들은 자신이 맡은 바 일을 완수함은 물론 CEO로서 성공한 케이스에 속한 것이다.

02

사랑을 기반으로 한
커뮤니케이션을 한다

글로벌 기업들은 수직문화보다는 수평적 네트워크를 중시하기 때문에
다양한 의견을 수렴할 수 있는 구조가 비교적 잘 갖춰져 있다.

♔ 우리는 글로벌 기업 하면 그곳에서 일하는 한국 직원들이 쉽게 해고되거나 부당한 대우를 받을 것으로 연상한다. 그러나 그것은 옛말이다. 실제로 외국 기업들은 직원들을 그들 마음대로 쉽게 해고하지 않는다. 그런 면에서는 오히려 한국 기업의 경우보다 더 긍정적인 면이 있다. 그런 기업의 좋은 예가 한국 HP이다. 한국 HP는 원래 직원을 소규모로 뽑지만, 일단 뽑은 직원은 끝까지 간다는 기업문화가 정착되어 있다. 특히 IMF와 같은 위기에서도 함부로 직원을 해고하지 않은 것으로 유명하다.

직원만족을 위해 근무여건을 조성한다

　　글로벌 기업에서는 직원들에게 무조건 일만 강요하지 않는다. 고객 만족보다 직원 만족을 우선시하며, 직원들이 마음 놓고 일할 수 있는 여건 조성에 힘을 기울인다. 국내 최대의 스팀트랩 전문 업체인 한국 스파이렉스시스코 박인순 대표는 직원들에 대한 배려를 다음과 같이 예를 들었다. "우리 회사의 엔지니어인 김 팀장의 만삭이 된 아내가 진통이 왔다는 연락이 왔어요. 김 팀장이 서둘러 사무실을 나가려는데, 이번에는 중요한 거래 회사의 설비가 고장났다는 연락이 왔어요. 참 난감한 상황이었어요. 김 팀장은 자기 상사인 박 부장에게 전화로 자기 대신해서 자기 부인을 인근의 산부인과로 데려갈 것을 부탁했고, 김 팀장은 고객 회사로 달려가서 설비를 고쳤지요. 그 사이에 박 부장은 김 팀장의 아내를 정성껏 돌봐 무사히 출산할 수 있었습니다. 그 덕분에 김 팀장은 예쁜 딸을 갖게 되었습니다."

직원들의 자기개발에도 투자를 아끼지 않는다

　　시스코시스템즈는 연간 예산의 11%를 직원들의 교육을 위해서 투자하며, 한국 HP는 매년 5~6명 정도를 국내 대학원이나 온라인 수험을 통해 MBA과정에 입학시키고 학비의 절반을 지원한다.

그리고 직원의 10% 이상을 항상 교육을 받도록 하는 시스템을 갖추고 있다.

글로벌 기업들은 수직문화보다는 수평적 네트워크를 중시하기 때문에 다양한 의견을 수렴할 수 있는 구조가 비교적 잘 갖춰져 있다. 한국 후지쯔에는 입사 3년차 사원들로 구성된 '신세대 경영회의'라는 조직이 있다. 이들은 이를 통해서 임원회의, 광고회의 등 회사의 중요 의사결정 과정에 참석해 자신들의 의견을 제안한다.

근무환경 개선에 노력한다

업무능률을 높이기 위해서 근무환경 개선에 노력하는 글로벌 기업도 많다. 유리로 만들어진 작은 카페, 와인이 가득한 와인 전용 냉장고, 카푸치노와 정통 에스프레소를 즐길 수 있는 커피 머신, 취향에 따른 각종 음료수 등이 설치되어 있는 곳은 호텔이 아니라 다국적 의료기기 회사인 비브라운 코리아의 사무실 풍경이다.

03

대표적 글로벌
기업리더

휠라 코리아 윤윤수 회장의 리더십의 특색은 파워 리더십이다. 그는 단순하면서도
강력한 파워 리더이다.

👑　　　지난 1991년 한국 시장에 진출한 이후 평
균 30% 이상의 매출 성장률을 기록하고 확고한 스포츠브랜드로 자
리 잡은 휠라 코리아를 이끌어낸 윤윤수 회장은 창립 10주년을 맞이
한 해부터 휠라 코리아의 회장이자 SBI아시아 대표로 취임했다.

　윤윤수 회장은 어려서 일찍이 부모를 여의고 외로운 학창시절을
보냈다. 서울대 의대 입학시험에 떨어진 후 외국어대 영어과에 입
학, 외무고시에 도전했으나 실패했고 J. C. 피니라는 무역회사에 입
사했다. 그는 그때부터 출세가도를 달리기 시작했다. 유창한 영어와
강한 추진력으로 업계에 이름을 알리며 입지를 다져갔다. 1970년대
수출 한국의 주역으로 활약하다가 이후 휠라 코리아를 설립하면서

경영자로서의 입지를 확고히 했다.

휠라의 성공 비결 가운데 빼놓을 수 없는 것이 윤 회장의 CEO 브랜드이다. 그는 '최고연봉을 받는 CEO' 외에도 여러 수식어를 달고 다닌다. 특히 윤 회장은 투명경영의 대명사로 불린다. 그가 투명경영을 할 수 있었던 것은 무엇보다도 휠라에서 그에게 합당한 고액연봉을 주었기 때문이다. 회사에서 충분하게 대접함으로써 비자금이나 부정으로 돈을 만들지 않아도 되게끔 했던 것이다.

합리성이 돋보이는 파워 리더

휠라 코리아 윤윤수 회장의 리더십의 특색은 파워 리더십이다. 그는 단순하면서도 강력한 파워 리더이다. 글로벌 기업에서 성공한 그는 통솔력, 성실 그리고 치밀함을 보여주고 있다. 폭넓은 안목과 섬세함이 요구되는 패션산업의 리더로서 잘 맞는 자질들이 그의 장점으로 부각되고 있다.

그는 자신의 리더십에 맞는 커리어를 택했다고 할 수 있다. 반면에 그 역시 파워 리더들에게 부족한 겸손, 의견수렴의 의지, 인간중시의 사상 등은 낮은 편이다. 진취적인 사고가 앞서기 때문에 관계를 중시하는 리더십 요소는 부족하다고 할 수 있다. 국내에서 최초로 스포츠 마케팅을 도입하여 휠라의 인지도를 업그레이드한 돌파력, 글로벌 경영체제에 대비한 '현지화'와 '과감한 투자', 이탈리아

휠라 본사를 사들여 자사가 본사를 인수한 보기 드문 일을 밀고 나
간 추진력, 이들 모두 파워 리더십을 잘 나타내는 사례이다.

글로벌 기업에서 일하는 CEO는 하나같이 직원들과 원활한 의사소통을 위해

격의 없는 방식을 택하며, 실용적 리더십을 연상에 하는 접근방식을 취하고 있다.

Epilgue

미래를
경영할
리더의
성공조건

자기관리에 철저하면서도
매사에 솔선수범하라

글로벌 시대에 한국 리더의 성공
조건은 무엇일까?

리더십에 대한 한 연구기관에서 우리나라의 리더들, 특히 CEO에
대해서 분석·조사한 결과 우리나라 경영자들의 80%가 탱크처럼
밀어붙이는 강한 추진력, 따스한 화합형, 그리고 치밀한 예방형의
리더십을 중시하고 있다고 한다.

이를 관계지향형과 과업지향형으로 나눈다면 전자에 무게가 더
쏠린 셈이다. 파워 리더의 성공 원칙은 '행동으로 지시하라', '채널
을 집중하라', 그리고 '가시적인 성과로 승부하라'는 것이다. 한국의
리더들이 성장했던 산업화시대에는 초고속 성장을 목표로 모든 것

을 포기했던 시절이다. 따라서 목표달성에 가장 유리한, 탱크처럼 밀어붙이는 파워 리더십이 한국 리더십의 중축으로 나타나는 것은 당연하다고 할 수 있다. 세부적인 리더의 자질로는 성실, 열정, 커뮤니케이션, 치밀성 등이 중요시되며 솔선수범이야말로 한국 리더의 필요조건임이 확실하다.

특히 열정과 커뮤니케이션의 능력은 경영자의 최대 강점으로, 이들 요소를 갖추지 않고는 리더의 반열에 오를 수가 없다. 커뮤니케이션의 능력과 도덕성을 중요시 한다는 것은 그만큼 자기관리가 강한 리더가 성공한다는 의미다. 한마디로 요약해서 말한다면, 한국 리더로서 성공하기 위한 조건은 '자기관리에 철저하면서도 매사에 솔선수범하는 리더'라고 할 수 있다.